연금 전략서

이해하고, 설계하고, 실행하는 내 연금의 완성 전략

연금 전략서

이해하고, 설계하고, 실행하는 내 연금의 완성 전략

초판 1쇄 발행 2025년 10월 10일

지은이 신혜미
펴낸이 장길수
펴낸곳 지식과감성#
출판등록 제2012-000081호

교정 한장희
디자인 윤혜성
편집 윤혜성
검수 이주연
마케팅 김윤길

주소 서울시 금천구 벚꽃로298 대륭포스트타워6차 1212호
전화 070-4651-3730~4
팩스 070-4325-7006
이메일 ksbookup@naver.com
홈페이지 www.knsbookup.com

ISBN 979-11-392-2831-1(03320)
값 16,800원

지식과감성#
홈페이지 바로가기

연금 전략서

이해하고, 설계하고, 실행하는 내 연금의 완성 전략

신혜미 지음

복잡한 연금제도를 누구나 스스로 설계할 수 있도록,
실무 기반으로 정리한 진짜 연금 안내서

지식과감정#

이 책을 마무리하는 동안,
묵묵히 곁에서 응원해 준 사랑하는 남편과 아들, 딸,
그리고 모든 가족에게 진심 어린 감사의 마음을 전합니다.
또한 저로 하여금 제 일을 사랑하게 해준
동료(J, H, H, M)에게도 깊이 감사드립니다.
가장 가까운 곳에서 보여준 믿음과 배려가
이 책을 완성할 수 있는 가장 큰 원동력이 되었습니다.

연금, 알면 인생이 편해진다

"연금은 더 이상 옵션이 아닙니다.
반드시 준비해야 할 '미래 월급'입니다."

노후 준비에 대해 막연한 걱정을 해 보셨을 겁니다.
"언젠가는 해야 한다고들 하지만, 도대체 어디서부터 시작해야
하지?"
이 질문 앞에서 망설이는 건 누구나 마찬가지입니다.

저 역시 비슷한 고민을 했습니다.
자산관리와 연금 관련 업무를 오랫동안 다뤄 왔지만, 막상 연금
제도를 깊이 들여다봤을 때 느낀 건 '복잡함'이었습니다.
자료는 제각각 흩어져 있고, 세금과 제도는 자주 바뀌며, 전체
그림을 한눈에 파악하기란 쉽지 않았습니다.

이 책은 그런 혼란에서 출발했습니다.

연금이라는 주제를 조금 더 명확하게, 그리고 누구나 이해할 수 있도록 풀어내고 싶었습니다.

실제 실무 현장에서의 경험을 바탕으로, 실생활에 도움이 되는 내용을 담아보려 했습니다.

연금은 단순히 '가입하고 끝나는' 금융상품이 아닙니다.

어떤 제도를 선택할지, 언제 얼마를 납입할지, 그리고 나중에 어떻게 수령할지를 함께 설계해야 하는 긴 여정입니다.

게다가 세법과 제도는 끊임없이 바뀌고 있기에 그 변화에 유연하게 대응할 수 있는 나침반도 필요합니다.

이 책은 그런 변화 속에서도 방향을 잃지 않도록 돕기 위한 작은 안내서가 되고자 합니다.

연금을 처음 접하는 분들, 그리고 누군가의 노후 준비를 함께 설계해야 하는 실무자들 모두가 부담 없이 꺼내 볼 수 있기를 바랍니다.

이 책이 누군가에게 작은 길잡이가 되어 주기를 기대해 봅니다.

2025년 9월
신혜미

연금 용어 카드

DB형 퇴직연금
확정급여형 제도. 회사가 납입과 운용을 동시에 하는 제도.

DC형 퇴직연금
확정기여형 제도. 회사가 납입만 하고 운용은 근로자가 선택. 가입자 추가납입은 세액공제 혜택 제공.

IRP(개인형 퇴직연금)
근로자가 직접 가입할 수 있는 퇴직연금 계좌. 퇴직금 입금 및 추가 납입 가능. 추가납입액은 세액공제 혜택 제공.

연금 저축계좌
개인이 노후 준비를 위해 가입하는 연금 계좌. 세액공제 혜택 제공.

계약 이전
연금계좌를 다른 금융기관으로 이전하는 절차. 실물 또는 현금 방식 있음.

비과세 연금보험
세액공제혜택은 없지만, 연금수령 시 비과세로 수령.

실물 이전
펀드 등 자산을 현금화하지 않고 다른 금융사로 이전하는 방식. 퇴직연금만 가능. 확대추세.

현금 이전
자산을 전부 매도한 후 현금으로 이전하는 방식.

적립금 운용지시
연금계좌 내 자산의 투자 방식을 가입자가 직접 정하는 것.

디폴트옵션 DC, IRP
계좌에 운용지시가 없을 때 자동으로 자산이 운용되는 제도. 디폴트옵션 사전승인 필요.

퇴직 소득세
퇴직급여 수령 시 발생하는 소득세로, 별도 계산 방식 적용.

연금 소득세
연금 수령 시 분리과세 되는 세금. 일반적으로 3.3~5.5%.

퇴직소득세 강제합산과세

같은 해 여러 퇴직소득을 수령할 경우 합산하여 세율 적용.

퇴직소득세 선택합산과세

다른 해에 퇴직소득을 수령한 경우. 합산과세의 유불리에 따라 선택할 수 있는 방법.

퇴직소득세 경정청구

과다 납부한 퇴직소득세를 환급받기 위한 청구 절차.

연금 개시연령

연금 수령을 시작할 수 있는 나이. 보통 만 55세 이상.

연금 수령연차

연금개시 가능요건을 충족한 해부터 연차기산(1년 차 혹은 6년 차로 시작).

연금실제 수령연차

실제 연금을 수령한 해만 더한 연차.

연금 수령한도

연금수령 시, 연금소득세가 적용되는 한도.

연금계좌 가입일

연금계좌에 최초로 납입이 이루어진 날. 연금수령연차 판단 기준일.

DB제도 가입일

퇴직연금(DB)의 최초 가입일로, 퇴직금 입금된 연금계좌의 연금수령연차 산정 시 고려, 현금수령한도에 영향.

연금 수령 방식

연금 수령 시 일시금, 분할, 혼합 방식 등을 선택할 수 있음.

이 책은 이렇게 구성되어 있습니다!

여러분이 연금을 쉽고 실전적으로 이해할 수 있도록, 이 책은 총 **6부로 구성**되어 있어요! 각 부마다 핵심 내용을 차근차근 그리고 친절하게 안내합니다.

제 1 부 ㅣ 연금, 왜 지금 준비해야 할까?

"노후자산, 왜 연금이어야 할까?"

연금이 필요한 이유와, 공적·퇴직·개인연금의
큰 틀을 이해합니다.

제 2 부 ㅣ 퇴직연금, 실전 프로세스로 이해하기

"퇴직연금은 회사만 신경 쓰면 끝? NO!"

DB·DC·IRP 제도별 차이부터 퇴직 시 수령 절차까지, 직장인이 꼭 알아야 할 실전 흐름을 정리합니다.

제 3 부 ㅣ 개인연금, 제대로 가입하고 관리하는 법

"연금저축 vs 연금보험, 뭐가 다를까?"

상품 구조, 세액공제 전략, 중도해지 리스크까지 전방위로 안내합니다. 가입·운용·수령 전략까지 **한 권에 정리!**

본 도서에서 소개하는 상품 종류는 독자의 이해를 돕기 위한 개인적인 의견으로 소속 회사의 추천 상품과는 무관합니다.

제 4 부 | 연금과 세금, 모르면 손해

"세제혜택은 받고, 세금은 줄이고"

납입할 때는 어떤 공제를 받을 수 있고, 수령할 때는 어떤 과세가 적용되는지를 **연금 세금지도**로 풀어냅니다.

제 5 부 | 연금 문제 해결 가이드

"해지? 이전? 수령 오류? 해결책 다 있습니다!"

연금 가입·운용·수령 과정에서 자주 발생하는 실수와 문제 사례를 정리하고, **실무 대응전략**을 제시합니다.

제 6 부 | 연금, 변화를 읽고 전략을 세우다

"앞으로 10년, 연금시장 어떻게 바뀔까?"

디폴트옵션, 실물이전, 기금형 퇴직연금 등 변화 흐름을 읽고, 금융인·개인이 어떻게 준비해야 하는지를 제시합니다.

목차

읽기 쉬운 연금 실전 가이드, 이렇게 구성되어 있어요!
섹션마다 '왜 필요한지'부터 '어떻게 할지'까지 **체계적으로 안내합니다.**

제 6 부 | **연금, 변화를 읽고 전략을 세우다**

제도·시장 변화 속, 흔들리지 않는 나만의 연금전략!

TIP!
읽는 순서는 꼭 1장부터가 아니어도 괜찮아요!
지금 내 상황과 궁금증에 맞는 장부터 꺼내 보세요. ☺

제 1 부

연금,
왜 지금
준비해야 할까?

"연금은 먼 미래의 일 아닐까요?" 이렇게 생각하는 분들이 참 많습니다. 하지만 진짜 중요한 건 **준비하는 시점**입니다. 연금은 미리 준비할수록 복리 효과와 절세 혜택이 커집니다. 제1부에서는 '연금이 왜 중요한지', '어떤 구조로 되어 있는지', '나에게 필요한 준비는 무엇인지'를 알기 쉽게 설명합니다. 지금 시작하면, 나중에 웃을 수 있습니다!

1장

노후 소득 준비, 왜 연금인가?

1. 노후 소득 공백, 생각보다 큽니다

국민연금공단에 따르면, 은퇴 후 필요한 **최소 생활비**는 **월 200만 원에서 250만 원 정도**로 추산됩니다.

하지만 국민연금의 **평균 예상 수령액은 월 50만~100만 원 수준**에 불과합니다.

(출처: 국민연금연구원, 「2022 국민노후보장패널조사 기초분석보고서」)

이 둘을 비교해 보면,

매달 **100만 원에서 150만 원 사이의 소득 공백**이 생길 수 있다는 뜻입니다.

예를 들어 보겠습니다.

항목	금액
필요 생활비	250만 원
국민연금 수령 예상액	90만 원
소득 공백	**160만 원**

✔ *이 부족분을 어떻게 메꿀 것인가? 이것이 바로 '연금 설계'의 핵심 과제입니다.*

이처럼 국민연금만으로는 은퇴 후 생활비를 충분히 감당하기 어렵기 때문에, 이 공백을 채우기 위해 **퇴직연금**과 **개인연금**의 역할이 매우 중요해집니다.

퇴직연금은 회사가 일정 금액을 적립해 주는 제도이며,
개인연금은 내가 직접 가입해서 준비하는 자산입니다.

두 제도를 적절히 활용하면 국민연금만으로는 부족한 **노후 소득의 빈틈을 효과적으로 메울 수 있습니다.**

🔘 이것만은 꼭! **국민연금 수령액 공식**

국민연금에서 매월 받는 연금액은 다음 3가지 요소로 결정됩니다:

① 평균 소득 수준
- *전체 가입자의 평균소득(A)*과 *본인의 평균소득(B)*을 **더한 뒤 2로 나눈 값**, 즉 "소득의 평균치"가 기준이 됩니다.
  - → 저소득자도 전체 평균(A)의 영향을 받아 상대적으로 유리합니다.

② 가입한 기간(연수)
- 국민연금에 **가입한 총연수**가 길수록 더 많은 연금을 받습니다.
  - → 최소 10년 이상 가입해야 연금을 받을 수 있으며, **40년이 가장 유리한 최대 가입기간**입니다.

③ 적용 비율(1.5%)

- 국가에서 정한 공식 비율인 1.5%를 적용해 전체 소득 평균에 따라 연금액을 계산합니다.

예시

- 만약 전체 평균 소득도, 나의 평균 소득도 **각각 300만 원**이고, **20년 동안** 국민연금을 납입했다면

  → 전체 평균 = (300만 + 300만) ÷ 2 = 300만 원

  → 300만 × 1.5% × 20년 = **900,000원**

  ☞ 그래서 이 사람은 **매달 90만 원의 국민연금**을 수령하게 됩니다.

구분	조건
예상 수령액	월 약 90만 원
가입기간	**20년 이상**
월평균 소득	**300만 원 이상**(가입기간 동안 평균 기준소득월액)
산식 기준	[기초연금액] + [가입자 소득비례연금액]

2. 왜 연금인가? 연금의 3대 장점

연금은 단순한 투자상품이 아닙니다. **설계 구조부터 '다릅니다'.** 왜일까요?

첫 번째 강점은 평생 소득을 보장한다는 것입니다

연금은 일정한 나이에 도달하면 정기적으로, 그리고 내가 어떻게 설계하느냐에 따라 **평생** 지급될 수도 있습니다.

수명이 길어질수록 이 구조는 큰 힘을 발휘합니다.

90세, 100세까지 살아도 **고정 소득이 끊기지 않는다는 것이** 연금의 가장 큰 장점입니다.

두 번째 강점은 시장 변동성과 무관한 안정성입니다

제도 자체가 안정성을 보장합니다

- 국민연금은 국가(국민연금공단)가 지급을 **법적으로 보장**합니다.
- 퇴직연금은 회사가 책임지고, 금융기관이 관리하며, **정부가 법으로 규제 및 감독**을 하고 있습니다.
- 개인연금 역시 금융당국의 규제를 받으며, 법적 보호 장치가 마련되어 있습니다.
- ☞ 즉, **직접 돈을 주는 주체는 다르지만, 모두 법적 근거와 제도적 보호 속에 운영**됩니다.

장기 투자 구조 자체가 안정성을 높입니다

연금은 보통, **10년, 20년 이상** 장기 운용되고, **55세 이후부터 분할 수령**하는 구조입니다.

이런 구조 덕분에 **단기 시장 충격에도 쉽게 흔들리지 않습니다.**

예를 들어 S&P500의 경우,

* 1년 수익률은 -30%에서 +30%까지 요동치지만,
* 20년 평균 수익률은 **+7% 내외**로 안정적입니다.

(출처: 금융연구기관 J.P. Morgan Asset Management, 「Guide to the Markets 2023」)

투자 방식	운용 기간	평균 수익률	특징
장기 투자	10년 이상	약 7~11%	수익률 안정, 복리 효과
단기 투자	수개월~2년	약 2~5%	수익 빠르나 변동성 큼

✔ 장기 운용은 시간에 투자하는 전략입니다. 시장 흐름에 일일이 반응하지 않아도, **시간이 수익률을 평균화**해 줍니다.

분할 수령 구조로 충격을 분산합니다

연금은 **한 번에 받지 않고** 매달 혹은 매년 **나눠서 받습니다.** 이 방식은 예상치 못한 경기 하락이 발생하더라도 한꺼번에 손실이 나지 않게 해 줍니다.

즉, **시간 분산 효과**와 **소득 분산 효과**가 동시에 발생합니다.

자산배분 전략까지 자동으로 설계됩니다

연금 상품은 대부분 젊을 땐 성장형 자산(주식형)에 투자하고, 연금 개시가 가까워질수록 안전자산(채권형)으로 이동하는 구조입니다.(예: TDF(타깃데이트펀드), 로보어드바이저 등)

이해하고, 설계하고, 실행하는 내 연금의 완성 전략 **연금 전략서**

이 전략은 자산의 **성장성과 안정성의 균형**을 자동으로 맞춰 주며, 결과적으로 연금 수령액의 **안정성을 확보**하는 데 도움을 줍니다.

세 번째 강점은 세제 혜택입니다

연금은 세금 측면에서도 매우 유리합니다.

연금저축, IRP에 납입하면 세액공제 혜택이 주어집니다.

☞ 연 최대 900만 원까지 가능(공제율 13.2~16.5%)

☞ 연금수령 시에도 연금소득세(3.3~5.5%)만 부담하면 됩니다.

일반 근로소득세보다 훨씬 낮은 세율입니다.

즉,

들어갈 때도 세금 절감,

굴릴 때도 과세 이연,

나올 때도 저율 과세.

세금 관점에서 이렇게 효율적인 자산은 흔치 않습니다.

3. 다른 자산과의 비교 – 연금이 갖는 절대적 장점

항목	연금	예금	부동산	주식
고정소득 보장	○	X	X	X
원금 보장	일부(DB형 등)	○	X	X
수익 변동성	낮음	낮음	높음	매우 높음
세제 혜택	○	X	X	X

✔ 예금은 이자가 낮고,

✔ 부동산은 유동성이 부족하고,

✔ 주식은 수익성은 높지만 리스크가 큽니다.

☞ 연금만이 **고정소득 + 안정성 + 세제혜택**이라는 세 박자를 모두 갖춘 자산입니다.

🔔 이것만은 꼭! **실전 TIP!**

연금 준비의 시작은 **"노후 생활비가 매달 얼마나 필요한가?"**를 계산하는 것입니다.

- 국민연금 예상 수령액을 먼저 확인하고,
- 나머지 부족한 금액을 퇴직연금·개인연금으로 어떻게 채울지를 설계해야 합니다.

📎 요약 정리

노후 재무설계의 핵심은 **매달 얼마나 안정적인 소득이 확보되느냐**입니다. 그 기준에 가장 부합하는 도구가 바로 연금입니다. 지금 연금을 이해하고 준비하는 일은 당신의 미래를 바꾸는 가장 실질적인 시작입니다.

2장

국민연금·퇴직연금·개인연금 구조 한눈에 보기

노후를 준비하는 데 있어 가장 기본이 되는 것이 바로 '3층 연금 제도'입니다.

국가가 운영하는 국민연금(1층), 기업 중심의 퇴직연금(2층), 개인이 스스로 준비하는 개인연금(3층)이 서로를 보완하며 은퇴 이후 소득의 공백을 최소화하는 구조로 설계되어 있습니다.

1. 국민연금의 기본 구조

국민연금은 대한민국에 거주하는 만 18세 이상 60세 미만의 국민 중 소득이 있는 사람에게 의무적으로 적용되는 공적 연금 제도입니다.

근로자, 자영업자, 프리랜서 등 대부분의 소득활동자는 국민연금에 자동으로 가입되며, 일정 요건에 따라 임의가입도 가능합니다.

□ **국민연금 납입 기준 요약(2025년 기준)**

구분	설명
산정 기준	가입자의 **기준소득월액 × 9%** (가입자·사업주 절반씩 부담)
기준소득월액 범위	**최저 36만 원 ~ 최고 617.5만 원** (국민연금공단 매년 고시)
납부 금액	기준소득월액의 9%(사업장가입자는 4.5% + 4.5%)
사업장가입자	월급에서 자동 공제(근로자 50%, 사업주 50%)
지역가입자 임의가입자	본인이 신고한 소득 또는 임의 기준소득월액에 따라 납부(전액 본인 부담)
임의계속가입자	60세 이후에도 납부 희망 시, 마지막 가입 시점의 소득 기준 유지 가능

□ **국민연금 수령 시기**

구분	내용
정규 개시 연령	**만 60세~65세**까지 출생연도별로 순차 상향
조기수령 가능 연령	**만 55세 이후**(조기노령연금 조건 충족 시)
연기수령 가능 연령	**최대 만 70세까지 연기 가능**(연기하면 수령액 증가)
수령 방식	평생 연금으로 매월 지급(사망 시까지)
수급 조건	**납입 기간 10년(120개월) 이상**이어야 수령 가능

✔ 1969년생부터는 **만 65세**가 국민연금 정년 기준입니다.

수명이 길거나 소득 여유가 있다면 → 연기수령이 유리합니다.

☞ 수령액 증가 + 소득 없을 때 수령 시 세금 부담이 적습니다.

퇴직 후 소득이 없어 생활비 공백이 크다면 → 조기수령을 고려

해 볼 수 있습니다.

☞ 단, 평생 수령액이 줄어들기 때문에 신중해야 합니다.

🔥 **이것만은 꼭!** **주요 공식 페이지**

- 국민연금공단 – 보험료 안내
- 보건복지부 – 국민연금 고시자료
- 국민연금법(국가법령정보센터) 국민연금법 제81조, 국민연금법 시행령 제36조

2. 퇴직연금(DB·DC·IRP)의 차이

2층연금으로 불리는 퇴직연금은 사업주가 퇴직급여를 외부 금융기관에 맡겨 운용하며, 퇴직 시 연금 또는 일시금으로 수령하는 제도입니다.

크게 **DB형, DC형, IRP**로 구분되며, 아래와 같은 특징이 있습니다.

- **DB형**: 퇴직금 산정은 회사 책임, 운용은 사업주가 주도
- **DC형**: 퇴직금이 근로자 명의 계좌에 적립, 근로자가 운용 지시
- **IRP(개인형 퇴직연금)**: 퇴직금 외에 개인 납입 가능, 연금저축과 유사 구조로 세액공제 혜택

3. 개인연금(연금저축, 연금보험)의 특징

3층 연금제도의 마지막, 개인이 자발적으로 준비하는 노후소득 보완수단입니다.

- **연금저축**: 연간 600만 원까지 세액공제, 과세이연 구조로 IRP와 병행을 추천합니다.
- **연금보험**: 10년 이상 유지 시 비과세 혜택, 가입과 해지가 비교적 유연합니다.
- **활용 포인트**: 국민·퇴직연금으로 부족한 은퇴자금 보완 및 세제혜택과 자산관리 기능을 병행합니다.

□ 3층 연금제도 비교표

구분	국민연금	퇴직연금 (DB/DC/IRP)	개인연금 (연금저축/보험)
운영 주체	국가	기업 + 금융기관	개인 + 금융기관
가입 대상	전국민 (의무)	근로자 (퇴직급여 대상자)	자율가입 (직장인, 자영업자 모두)
납입 방식	소득 비례 자동 납부	급여의 일정 비율, 회사 또는 개인	자율 납입 (세액공제 한도 존재)
세제 혜택	수령 시 일부 과세 유예	퇴직소득세 이연/ 세액공제	세액공제(연금저축)/ 비과세(보험)
수령 방법	연금 형태	일시금 or 과세이연 선택 가능	연금 형태 (연금저축은 55세 이후)
주요 위험요소	가입기간 부족, 추납 필요	수익률 미확보, 상품운용 미비	운용미비, 장기유지 어려움
보완 전략	추후납부/ 임의가입	디폴트옵션 활용, 적립금 점검	IRP 병행, 연금보험 병행설계

이해하고, 설계하고, 실행하는 내 연금의 완성 전략 **연금 전략서**

✔ 이 표는 각 제도의 구조와 특징을 한눈에 비교하고, 어떤 연금이 자신의 상황에 더 적합한지를 판단할 수 있도록 도와주는 핵심 자료입니다.

3장

직장인을 위한 연금 준비 체크리스트

"연금 준비, 대체 어디서부터 시작해야 할까요?"

많은 직장인들이 연금의 필요성은 느끼지만, 막상 준비하려 하면 막막함부터 앞섭니다.

- 무엇을 확인해야 할지,
- 어떤 순서로 점검해야 할지
- 익숙하지 않기 때문이죠.

그래서 연금 준비에 꼭 필요한 핵심 항목을 **체크리스트 형태로 정리**했습니다.

하나씩 차근차근 따라오시면, 누구나 체계적으로 연금을 준비할 수 있습니다.

1. 국민연금 가입 상태부터 확인하기

- **국민연금공단 홈페이지나 앱**에서 가입 여부를 확인합니다.
- **납입 기간**과 **예상 수령액** 조회를 합니다.
- **추가 납입**(임의가입, 추가납부 등)이 필요한지도 함께 확인해 봅니다.

🔖 이것만은 꼭! **체크포인트**

국민연금은 **오래 낼수록, 금액이 클수록** 나중에 받는 돈도 많아집니다.

2. 퇴직연금 가입 여부와 유형 확인하기

- 내가 다니는 회사는 **퇴직연금 제도(DB형, DC형)** 중 어느 것을 운영하는지 확인합니다.
- **본인 명의 IRP 계좌**가 있는지도 함께 점검해 봅니다.
- 퇴직연금이 **어떻게 운용되고 있는지**, 수익률은 어떤지도 체크해야 합니다.

금융감독원 통합연금포털(www.pension.or.kr)에서 내 퇴직연금 현황을 한눈에 확인할 수 있습니다.

🔖 이것만은 꼭! **체크포인트**

퇴직연금이 없는 회사라면, **개인 IRP를 만들어 스스로 추가 적립**하는 것도 좋은 전략입니다.

3. 개인연금(연금저축, 연금보험) 가입 여부 확인하기

- **연금저축펀드, 신탁, 보험형** 가입 내역을 점검합니다.
- "세액공제 한도, 납입한도"를 충분히 활용하고 있는지 확인해 봅니다.
- **연금보험(비과세형)** 등 다른 상품 가입 여부도 살펴봅니다.

금융감독원 통합연금포털에서 개인연금 정보도 통합조회 가능합니다.

💡 이것만은 꼭! **체크포인트**

세액공제를 최대한 활용하는 개인연금은 **연금 준비의 기본 중의 기본**입니다.

4. 은퇴 후 필요한 생활비부터 계산해 보기

- 은퇴 이후, 매월 어느 정도의 생활비가 필요할지 추정해 봅니다.
- 국민연금, 퇴직연금, 개인연금 **예상 수령액에 대한 시뮬레이션을 돌려봅니다.**
- 그 합계로 **충분한지 부족한지** 판단 → 추가 준비 방안 마련해야 합니다.

💡 이것만은 꼭! **체크포인트**

일반적으로는 은퇴 전 소득의 **70~80% 수준 유지**가 이상적입니다.

5. 연금 수령 전략 세우기

- 국민연금은 **조기 수령할지, 연기할지** 선택하고,
- 퇴직연금은 **일시금으로 받을지, 과세이연 후 연금으로 나눠 받을지** 결정합니다.
- 개인연금은 **언제부터, 몇 년 동안 수령할지** 계획해 봅니다.

[국민연금]
조기수령 할지, 연기할지 선택

[퇴직연금]
일시금으로 받을지, 과세이연 후 연금으로 나눠 받을지 결정

[개인연금]
언제부터, 몇 년 동안 수령할지 계획

💡 이것만은 꼭! **체크포인트**

연금은 **수령 시기를 늦출수록** 수령액이 많아집니다.

6. 연금 운용 상태 점검하기

- DC형 퇴직연금과 IRP의 **투자상품 포트폴리오**를 확인합니다.
- **수익률**, "리밸런싱(자산 재배분)"이 잘되고 있는지 점검해 봅니다.

🔘 이것만은 꼭! **체크포인트**

수익률 차이가 **10년 후 자산 차이를 크게 만들 수 있습니다.**

🔘 이것만은 꼭! **실전 Tip! 연금도 '정기검진'이 필요합니다**

- 연 1회는 꼭 국민연금·퇴직연금·개인연금을 전반적으로 점검하세요.
- **리밸런싱, 추가 납입, 세제 혜택 누락 여부**도 함께 확인하면 좋습니다.

📎 요약 정리

연금 준비는 복잡해 보일 수 있지만, **체크리스트에 따라 하나씩 점검하면 누구나 준비할 수 있는 일입니다.** 핵심은 이 3가지의 조합입니다:

국민연금 + 퇴직연금 + 개인연금

이 세 가지가 함께 맞물릴 때, 노후 소득을 안정적으로 확보할 수 있습니다.

이제 연금은 더 이상 '나중에 할 일'이 아닙니다.

지금부터 하나씩 체크해 나간다면, 미래의 나는 훨씬 더 여유롭고 든든할 수 있습니다.

단계	체크 항목	확인여부
1단계 국민연금 점검	가입 여부, 납입 기간, 예상 수령액	
2단계 퇴직연금 점검	제도 유형(DB, DC, IRP), 적립 현황, 운용 방식 확인	
3단계 개인연금 점검	연금저축·연금보험 가입 여부, 세액공제 활용 여부	
4단계 생활비 목표 설정	은퇴 후 필요한 생활비 추정, 부족액 계산	
5단계 수령 전략 수립	연금 수령 시기, 일시금 vs 분할 수령 방식 결정	
6단계 운용 전략 점검	투자상품 리밸런싱, 수수료 점검, 상품 변경 필요 여부	

제 2 부

퇴직연금, 실전 프로세스로 이해하기

"퇴직연금? 회사가 알아서 하는 거 아닌가요?" 많은 직장인들이 퇴직연금의 흐름을 잘 모른 채 방치하고 있습니다. 하지만 퇴직연금은 **나의 퇴직금과 노후를 책임질 자산**입니다. 어떻게 운용되고, 수령은 어떻게 준비해야 하는지 이해하고 있어야, 마지막에 세금도 아끼고 제대로 챙길 수 있습니다. 제2부에서는 DB형, DC형, IRP형의 차이부터 가입·운용·이전·수령까지의 실전 흐름을 차근차근 설명합니다. 퇴직 후 당황하지 않으려면, 지금 알아 두는 게 정답입니다!

4장

퇴직연금 제도의 탄생과 기본 개념

"퇴직금이 연금으로 바뀐 이유, 알고 계신가요?"

예전에는 퇴직하면 회사가 **한꺼번에 퇴직금을 일시금으로 주는 게 당연**했습니다.

하지만 회사 사정이 어려워지면, 약속된 퇴직금이 **제때 지급되지 않거나 아예 못 받는 일**도 생기곤 했습니다.

이런 문제가 반복되자, 정부는 퇴직금을 **회사 외부 금융기관에 미리 적립**하도록 유도했습니다.

그리고 **퇴직금을 연금처럼 나눠서 받을 수 있도록** 제도를 바꾸게 되죠.

이 변화의 결과가 바로 **퇴직연금 제도**입니다.

1. 퇴직금 vs 퇴직연금 – 뭐가 다를까?

구분	퇴직금	퇴직연금
적립 방식	회사 내부에서 관리	외부 금융기관에 사외 적립
운용 주체	회사	금융기관(은행, 증권, 보험사 등)
지급 시점	퇴직 시 일시금 지급	연금 또는 일시금 선택 가능
안정성	회사 사정 따라 미지급 위험	법적 보호 + 수급권 강화

요약하자면,

- 퇴직금은 **회사 안에서만** 관리되기 때문에 불안정할 수 있고,
- 퇴직연금은 **금융기관을 통해 외부에서 운용되기 때문에** 상대적으로 안전합니다.

2. 퇴직연금 제도가 생긴 배경

우리나라에서는 **2005년**, 퇴직연금 제도가 전면 도입됐습니다. 그 목적은 명확했습니다.

- 기업의 부담 완화 및 재무건전성을 확보하고
- 근로자의 수급권을 보호, **노후소득을 보다 안정적으로 보장**하기 위해서였죠.

이 제도는 한국이 처음 만든 것은 아닙니다.
미국의 401 (k), 일본의 확정기여형 등을 참고해 우리 실정에 맞

게 도입한 구조입니다.

미국의 401 (k) 제도

- 1978년 제도적 근거를 마련하여 1981년 도입된 미국의 대표적인 퇴직연금제도
- 회사가 퇴직금을 사외에 적립하고, **근로자가 직접 운용상품을 선택**해 투자

특징

- 적립 시 세금 유예, 수령 시 과세 → **세제이연 효과**
- 다양한 펀드 운용 가능(주식형, 채권형, 타깃데이트펀드 등)

일본의 DC형 퇴직연금 제도

- 2001년부터 본격 시행
- 회사가 일정 금액 납입, 근로자가 **직접 자산운용** 선택
- 한국의 IRP나 DC형 구조와 매우 유사

운용 방식

- 원금보장형, 채권형, 주식형, 타깃데이트펀드 등 선택 가능

한국 퇴직연금 제도는?

- 한국의 퇴직연금은 **미국의 401 (k)**(확정기여형 중심 자산운용 활성화 → DC형 제도에 반영)과 **일본의 DC형 제도**(「근로자퇴직급여보장법」은 일본의 퇴직급여 관련법을 기반으로 입법)를 결합해 만든 구조입니다.

이해하고, 설계하고, 실행하는 내 연금의 완성 전략 연금 전략서

그 핵심은 다음과 같습니다:

- 회사의 책임과 근로자의 선택권의 **균형**
- **사외적립 + 자율운용 + 세제혜택**을 모두 갖춘 현대적 제도
- **근로자의 노후소득을 제도적으로 지키는 장치**

□ **과거 vs 현재 – 제도 변화 한눈에 보기**

항목	과거: 퇴직금 제도	현재: 퇴직연금 제도
자산 보관	회사 내부	금융기관에 사외 적립
수령 방식	일시금	연금 또는 일시금
안정성	회사 상황에 따라 유동적	법적 보호로 수급권 강화

✔ 퇴직연금은 더 이상 단순히 퇴직금을 대신 관리해 주는 제도가 아닙니다. 이제는 **퇴직 후 30년 이상 살아갈 노후소득을 책임지는 핵심 제도**로 자리 잡았습니다.

5장

DB형, DC형, IRP형 퇴직연금 구조 비교

"퇴직연금, 전부 같은 줄 알았는데… 이렇게 종류가 많다고요?"

퇴직연금은 단일한 제도가 아닙니다.

운용 방식과 책임 주체에 따라 구조가 확연히 달라지는 세 가지 주요 유형이 있습니다.

1. 퇴직연금의 주요 유형

퇴직연금은 크게 **세 가지 유형**으로 구분됩니다:

DB형(확정급여형)

- 회사가 퇴직 시 **얼마를 줄지 미리 약속**하고, 이를 맞추기 위해 자산을 직접 운용하는 방식입니다.
- **근로자는 운용에 개입하지 않으며**, 퇴직급여는 회사가 정한 공식(평균임금 × 근속연수)에 따라 **확정**됩니다.

✔ **장점**: 수익률과 무관하게 퇴직급여가 보장됩니다.

✔ **단점**: 회사 재무 상태가 불안하면, 실제 수급에 리스크가 생길 수 있습니다.

DC형(확정기여형)

* 회사가 매년(회사별 납입주기에 따라 상이. 월납, 분기납, 반기납, 연납) 일정 금액을 **근로자 명의 계좌에 납입**하고, **근로자가 스스로 자산을 운용**합니다.
* 퇴직급여는 적립된 금액의 최종 잔고(수익 포함)에 따라 정해지며, **내가 어떻게 굴리느냐에 따라 금액이 달라지는 구조**입니다.

✔ **장점**: 운용을 잘하면 더 많은 연금을 받을 수 있습니다.

✔ **단점**: 잘못 굴리면 퇴직금이 줄어들 수 있으므로 관리가 필요합니다.

IRP형(개인형 퇴직연금)

* 퇴직 시 퇴직급여를 개인 명의의 계좌(IRP)로 이체하고,
* 퇴직 전 스스로 추가 납입하거나 자산을 운용하는 방식입니다.
* 근로자 본인이 주체가 되어 **퇴직금+자기 돈까지 함께 관리**할 수 있는 구조입니다.

✔ **장점**: 퇴직금을 굴리면서 세액공제 혜택도 받을 수 있습니다.

✔ **단점**: 전적으로 **본인의 책임**이므로 관심과 관리가 필수입니다.

2. 한눈에 보는 퇴직연금 유형별 비교

퇴직연금은 **누가 운용하느냐, 어떻게 퇴직금이 계산되느냐**, 그리고 **세제 혜택은 어떤지**에 따라 다음과 같이 비교할 수 있습니다.

□ 유형별 핵심 비교표

구분	DB형 (확정급여형)	DC형 (확정기여형)	IRP형 (개인형퇴직연금)
적립·운용 주체	기업이 자산 운용 – 근로자는 운용 권한 없음	– 기업이 가입자 개인 계좌 입금 – 근로자가 직접 운용	개인이 직접 가입·운용
부담금 (입금) 원천	기업만 부담 – 퇴직부채 기준 추가 납입 가능	① 기업 부담금: 연간 임금총액의 **1/12 이상** ② 근로자 추가납입 (선택)	① 퇴직급여 이체 (DB·DC) ② 개인 자율 납입
퇴직금 (연금) 산정 방식	**사전 확정** 퇴직 직전 3개월 평균임금 × 근속연수 ※ 운용성과 무관	**변동** 총적립금 = 기업 + 개인 납입액+수익금 → 운용 성과에 따라 금액 달라짐	**변동** 총적립금 = 퇴직급여 + 추가납입액+수익금 → 연금·일시금 선택 가능
주요 세제·한도 포인트	– 근로자 추가납입 불가 – 기업 부담금 전액 손금산입 (법인세 절감)	– DC·IRP·연금저축 합산 연 1,800만 원까지 납입 가능 – 그중 연 900만 원 세액공제 가능	– DC·IRP·연금저축 합산 연 1,800만 원 한도 – 만기 ISA 전환금 10%(최대 300만 원) 추가 세액공제

이해하고 설계하고 실행하는 내 연금의 완성 전략 **연금 전략서**

- **DB형**: 회사 책임 중심, 퇴직 시 일괄 정산
- **DC형**: 기업이 매월 납입하되, **운용은 근로자 책임**
- **IRP형: 퇴직금 이체 + 추가 납입이 모두 가능한 개인 명의의 연금계좌**

💡 이것만은 꼭! **이 표는 이렇게 활용하세요**

- **회사 실무자**는 퇴직급여 회계처리, 의무 납입 요건, 퇴직부채 리스크 관리
- **근로자(가입자)**는 어떤 제도에 가입되어 있는지 확인하고, 추가 납입 가능 여부·세액공제 한도·운용 전략까지 계획

3. 퇴직연금 제도별 도입 현황

"우리 회사는 DB형일까, DC형일까?"

퇴직연금제도는 회사마다 도입 방식이 다르며, 제도 유형에 따라 근로자의 퇴직금 적립 및 운용 방식도 크게 달라집니다. 고용노동부 자료에 따르면, 2023년 현재 가장 보편적으로 도입된 퇴직연금제도는 DC형(확정기여형)입니다.

전체 기업 중 약 67.0%가 이 DC형 제도를 택하고 있습니다.

DC형 제도는 회사가 일정 금액을 근로자의 연금계좌에 납입하고, **그 이후의 운용은 근로자 스스로 선택**하게 되는 구조입니다. 이 때문에 가입자의 투자 성향에 따라 수익률이 달라지고, 은퇴

후 받을 수 있는 연금액도 달라질 수 있습니다. 많은 중소기업과 일반 기업들이 이 구조를 채택하고 있는 것이 특징입니다.

반면, **DB형(확정급여형)** 제도는 전체의 **19.9%** 수준으로, 여전히 일부 대기업이나 공공기관 등에서 운용되고 있습니다. 이 제도는 퇴직 시점의 평균임금과 근속연수 등을 기준으로 **퇴직급여가 사전에 정해져 있는 구조**로, 자산운용의 책임은 회사(사용자)에게 있습니다.

그 외에도 혼합형 제도(DB+DC)를 도입한 기업도 전체의 7.3%로 나타납니다. 이는 **직군이나 직급, 혹은 부담금의 성격에 따라 DB형과 DC형을 병행하여 운영하는 방식**으로, 대기업이나 전문 직종에서 선택적으로 활용되는 경우가 많습니다.

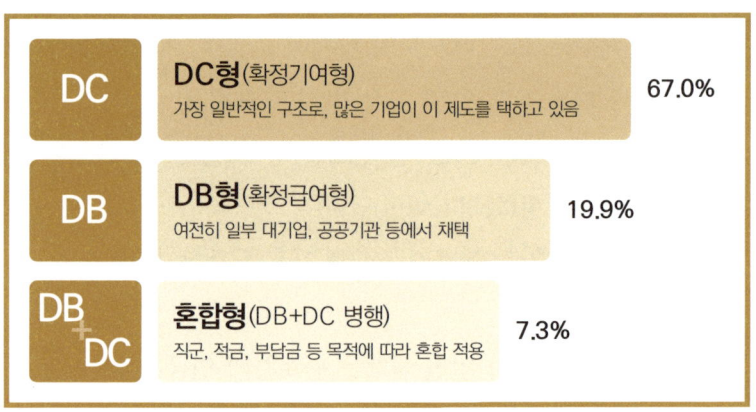

퇴직연금은 사외 금융기관을 통해 운용됩니다.
2025년 기준으로 주요 운용사는 다음과 같습니다:

* **은행권**: KB국민은행, 신한은행, 우리은행, 하나은행, IBK기업은행 등
* **보험사**: 삼성생명, 한화생명, 교보생명, 삼성화재 등
* **증권사**: 미래에셋증권, NH투자증권, 한국투자증권, 삼성증권 등

어떤 금융기관을 통해 운용 중인지 확인하는 것도 중요합니다.
(수수료나 제공 서비스가 다르기 때문입니다.)

4. 제도별 수익률 비교

퇴직연금은 단순히 쌓아 두는 자산이 아니라, **어디에 어떻게 투자하느냐에 따라 수익률이 달라지는 투자형 상품**입니다. 실제로 2023년 한 해 동안의 퇴직연금 제도별 연간 수익률을 보면 그 차이가 뚜렷하게 나타납니다.

가장 보수적인 방식으로 운용되는 **DB형(확정급여형)**의 2023년 평균 수익률은 **4.50%**였습니다. DB형은 자산운용 책임이 사용자(회사)에게 있기 때문에 상대적으로 안정적인 원리금보장형 상품 위주로 운용되며, 그만큼 수익률도 낮게 나타나는 경향이 있습니다.

반면, **DC형(확정기여형)**은 가입자 본인이 직접 운용지시를 내리는 구조로, 실적배당형 자산의 활용 여부에 따라 수익률 편차가 큽니다. 2023년에는 평균 **5.79%**의 수익률을 기록하며 DB형보다 높은 성과를 보였습니다.

가장 높은 수익률을 기록한 것은 **개인형IRP**입니다. 2023년 IRP의 연간 평균 수익률은 **6.59%**로, 퇴직연금 제도 가운데 가장 높았습니다. 그 이유는 IRP 계좌에서 **펀드, ETF 등 실적배당형 자산의 비중이 가장 높기 때문**입니다. 많은 가입자들이 적극적으로 운용하거나, 금융기관이 제안한 TDF(타깃데이트펀드) 등 장기 성장형 상품에 투자했기 때문에 더 높은 수익률을 실현할 수 있었습니다.

전체 퇴직연금 제도를 통틀어 본 2023년 평균 수익률은 **5.26%**였습니다. 이 수치는 연금 계좌를 단순히 보관만 하는 것이 아니라 **능동적으로 운용할 때 수익률 개선이 가능하다는 점**을 보여 줍니다.

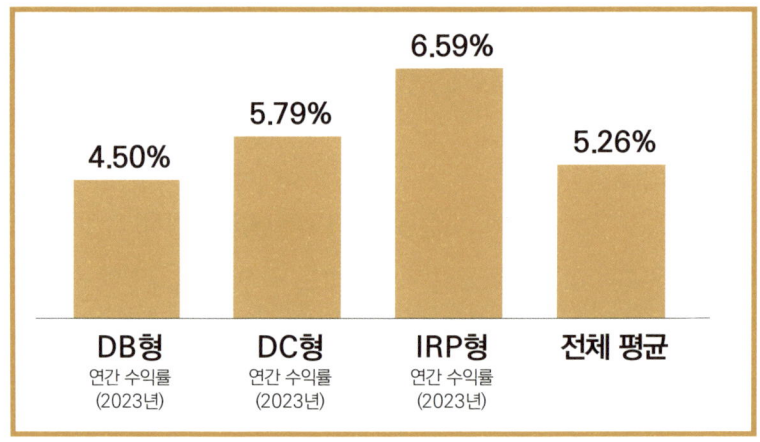

5. 제도별 퇴직연금 구조 요약

퇴직연금 세 제도의 특징을 한눈에 정리한 표입니다.
각 항목을 중심으로 자신에게 맞는 제도가 무엇인지 판단해 보세요.

DB형(확정급여형)

- 기업이 운용, 수령액은 고정
- 기업 도산 시 리스크 존재

DC형(확정기여형)

- 내가 운용, 수익률 따라 퇴직금 달라짐
- 디폴트옵션과 상품선택 중요

IRP형(개인형 퇴직연금)

- 개인형, 자율납입 가능
- 세액공제 + 연금 수령 전략 핵심

 요약 정리

구분	DB형	DC형	IRP형
운용 주체	기업	근로자	근로자
수령액 확정 여부	O	X	X
투자 책임	없음	본인	본인
추가 납입	불가	가능	가능
세제 혜택	기업 법인세 절감	세액공제 가능	세액공제 가능

마무리 Tip!

- **DB형**은 안정성,
- **DC형**은 자율성과 수익성,
- **IRP형**은 유연성과 절세 전략에 강점이 있습니다.

✔ 세 가지 중 **하나만 선택하는 게 아니라**, 상황에 따라 **혼합 활용**도 가능합니다.

참고 출처

- 통계청, 「2023년 퇴직연금통계 결과」, 2024. 12. 16.
- 고용노동부, 「퇴직연금 총 적립금 382.4조원, 5년간 2배 성장」, 2024. 05. 16.

6장

퇴직연금의 가입부터 수령까지 실전 흐름

"퇴직연금, 가입만 해놓고 그냥 두고 있진 않으신가요?"

퇴직연금은 단순히 만들어 두는 것으로 끝나는 제도가 아닙니다. **가입 → 운용 → 이전 → 수령까지 전 과정**에 꾸준한 점검과 전략이 필요합니다.

이 장에서는 퇴직연금의 흐름을 **직장인이 실제로 겪는 순서에 맞춰** 실전 가이드처럼 정리했습니다.

1. 가입 단계 – 내가 어떤 제도에 가입되어 있는지부터

회사에 퇴직연금 제도가 있다면, DB형인지, DC형인지부터 확인하세요.

IRP 계좌가 없다면, 개인 명의로 **금융기관을 통해 개설**할 수 있습니다.

금융감독원 통합연금포털(pension.or.kr)에서 **국민연금·퇴직 연금·개인연금 통합** 조회가 가능합니다.

2. 운용 단계 – 굴리는 방식에 따라 수령액이 달라진다

DB형

- 기업이 자산을 운용하므로 근로자는 운용에 개입하지 않습니다.
- 퇴직 시점에 평균임금과 근속연수에 따라 급여가 **확정 지급**됩니다.

DC형 & IRP형 – 내가 직접 운용 전략을 세워야 합니다

- DC형과 IRP는 **가입자가 스스로 투자상품을 선택**해 운용하는 구조입니다.
- 펀드, 예금, 채권, ETF, TDF(타깃데이트펀드) 등 다양한 상품 중 **위험자산**과 **안전자산**의 구성을 어떻게 하느냐에 따라 최종 퇴직급여 규모가 결정됩니다.

퇴직연금 운용 시 유의사항: '위험자산 비중'에도 제한이 있습니다

퇴직연금제도는 **연금 수령의 안정성**을 보장하기 위해 DC형과 IRP 모두 다음과 같은 **위험자산 편입 한도 규정**이 존재합니다.

구분	기준 비중	초과 허용 한도
위험자산(주식형 펀드, ETF, 리츠 등)	총적립금의 **70% 이내**	수익률의 변동으로 인한 **70% 초과는 허용**, 교체매매 시 위험자산 비중 재조정

✔ '위험자산'의 기준은 다음과 같습니다:

- 원금 손실 가능성이 있는 실적배당형 상품
- 일반적으로 주식형 펀드, 리츠, ETF 등이 해당

💡 이것만은 꼭! **운용자 주의 포인트**

위험자산 비율을 70% 넘기면 금융기관에서 **경고 알림 안내가** 발송됩니다.

3. 운용 중 점검 – 리밸런싱과 전략 재정비

- 최소 **연 1회**는 자산 구성 상태를 확인하세요.
- **시장 상황 변화**나 **나이, 연금개시 시점**에 따라 안전자산 비중을 조절하는 것이 필요합니다.

예시
- 30~40대: ETF, 해외펀드 등 비중 ↑
- 50대 이후: 채권형, 예금형으로 점차 전환

4. 이전 단계 - 퇴직 또는 금융기관 변경 시 퇴직연금 계약이전 제도 완전 정리

"퇴직연금, 꼭 같은 금융기관에 계속 맡겨야 할까요?"

아닙니다!

퇴직연금도 **더 나은 수익률, 더 나은 서비스**를 제공하는 금융기관으로 옮길 수 있는 '**계약이전 제도**'가 있습니다.

이전은 크게 두 가지 방식으로 나뉩니다:

DB적립금 이전

- DB형 퇴직연금은 회사(사용자)가 기존에 적립한 **퇴직연금 적립금을 다른 금융기관으로 이전**할 수 있습니다.
- 단, DB형은 **회사가 퇴직연금사업자와 계약을 맺는 구조**이므로, **기업의 결정**에 따라 실물, 현금이전 여부가 결정됩니다.

DC·IRP 사업자 이전

DC형 퇴직연금 가입자는 본인 명의 계좌를 다른 금융기관으로 이전 신청할 수 있습니다.

다만, **DC형은 소속 회사가 선정한 DC 사업자 간에만 이전이 가능하며, 가입자 개인이 직접 신청하는 것이 아니라 회사의 절차를 통해 신청해야 합니다.** 일반적으로 회사는 정해진 기간 내에 사업자 이전이 가능하다는 내용을 직원들에게 사전 공지합니다.

IRP의 경우에는 **개인이 직접 원하는 금융기관으로 언제든지 이전 신청이 가능**합니다.

✔ 세제 불이익 없이, 기존 상품을 해지하지 않아도, 자유롭게 금융기관을 바꿀 수 있는 장점이 있습니다.

🏃 이것만은 꼭! 퇴직연금 이전 방식: 실물이전 vs 현금이전

① **실물이전**

- 기존 상품을 **매도하지 않고 그대로 옮기는 방식**입니다.
☞ 예: 펀드, ELB, 예금, ETF 등이 그대로 이동

가능한 경우

- **동일한 제도 내에서만 이전 가능하며**
☞ 예: DC → DC, IRP → IRP
- **이전받을 금융기관이 동일 상품 취급 시**만 상품 그대로 이전이 가능합니다.

실물이전 절차

1. **신규 계좌 개설**(DC는 회사가 대신): 이전받을 금융기관에서 같은 제도 계좌를 개설합니다.
2. **사전조회 서비스 활용**: 실물이전 가능 상품 미리 확인할 수 있습니다.(조회 시점과 실제 이동하는 시점이 다를 수 있으니 100% 확실하지는 않을 수 있다는 점을 유의하세요.)
3. **이전 신청**: 기존/신규 기관 중 한 곳에 신청합니다.
4. **기존 기관에서는 실제로 실물이전이 가능한 상품목록을 안내합니다.**
5. 실물이전 가능한 상품은 안내받은 **가입자는 실물이전 의사에 대해 다시 한번 확인한 후에 실행됩니다.**
6. 이전이 완료되면 결과에 대한 통보(SMS, 앱 등)를 받습니다.

② 현금이전

- 기존 상품을 **매도 후 현금화**한 뒤 옮기는 방식입니다.
- 이전받을 금융기관에서 해당 상품을 취급하지 않거나, 실물이전이 불가할 때 사용됩니다.

현금이전 절차

1. **신규 계좌 개설**(DC는 회사가 대신)합니다.
2. **현금이전을 신청합니다.**
3. **의사확인 후 기존 상품 매도합니다.**(T+매도결제 소요시간 + 2일 감안 필요)
4. **신규 계좌로 현금이 입금됩니다.**
5. **신규 금융기관에서 상품 재편성 및 운용을 재개합니다.**

☞ **세액 이연 정보**도 함께 이전되므로, 세제 혜택은 유지됩니다.

□ 제도별 이전 신청 주체

제도	신청 주체	특징
DB형	기업	계약 주체가 기업이므로 이전도 회사가 결정
DC형	근로자(직원)	사용자(회사)를 통해 직접 신청
IRP형	개인 가입자	본인이 직접 금융기관을 선택해 이전 가능 ※ 55세 이상 & 가입기간 5년 이상이면 → 연금저축계좌로 현금이전 가능

💡이것만은 꼭! Tip! 언제 계약이전을 고려하면 좋을까요?

현재 운용 중인 금융기관의 수익률이 낮거나, 상품 라인업이 너무 제한적이거나, 상담·관리 서비스가 부족하다고 느껴질 때!

☞ **이전만으로도 연금자산 수익률이 개선될 수 있습니다.**

5. 퇴직연금의 중도인출

"퇴직 전에 연금을 꺼낼 수 있는 방법은 없을까?"

퇴직연금도 **특정한 법정 사유가 있을 때,** 퇴직 전에 인출이 가능합니다. 하지만 **제도별로 방식이 다릅니다.**

구분	DB형	DC·IRP형
자금 소유권	회사 소유, 근로자는 수급권만 보유	개인 명의 계좌
법 취지	"퇴직 시 급여 보장" → 중도 사용은 예외	"개인 노후자산" → 생활안정 목적 인출 허용
인출 구조	회사가 **퇴직금 중간정산**형태로 결정	금융회사가 **법정 사유 확인 후 의무 지급**
세무 처리	퇴직소득세 원천징수	퇴직소득세 원천징수

□ DC·IRP 중도인출 사유 (근로자퇴직급여보장법 기준)

사유 유형	사유 상세	비고
무주택자의 주택구입 또는 임차보증금	주택구입: 본인 명의 주택매수 임차보증금: 전세보증금(재직중 1회)	배우자와 **공동명의는 허용**, 전세보증금은 재직 중 1회만
장기 요양비	본인/배우자 및 부양가족의 6개월 이상 요양비용(지출의료비용이 연간근로소득의 12.5% 초과)	**간병비는 제외**, 소득 요건은 IRP에선 미적용
재난 피해	주택 유실, 전파 등 피해	**본인 거주 주택만** 해당, 사진·등기· 입원확인 필요
파산 선고	최근 5년 이내 법원 결정문	원본 필요
개인회생	최근 5년 이내 개시결정문 제출	원본 필요

✔ 중도인출은 무조건 세금이 붙습니다!

☞ 인출금에 대해 퇴직소득세가 원천징수됩니다.

✔ 증빙 & 기한: 사유 발생일부터 일반적으로 6개월 이내 서류를 제출해야 합니다.

🔔 이것만은 꼭! 중도인출의 자주 묻는 질문

Q. 오피스텔은 주택으로 인정되나요?

A. 주택용 오피스텔이라면 인정 가능합니다.

• 조건: 건축물대장상 "주거용" + 전입신고

Q. 기존 집을 팔고 새집을 살 때도 인출 가능?

A. 기존 집 소유권 이전 등기 완료 후, 새집 계약 시점부터 가능합니다. 단, 기존 주택 매도잔금일과 신규 주택 매수잔금일이 같은 날이면 법령상 여전히 주택을 보유한 것으로 보아 중도인출이 허용되지 않습니다.

Q. 전세 연장 계약도 되나요?

A. 보증금 증액이 있으면 가능하고, 단순 연장은 불가합니다.

Q. 6개월 이상의 요양(치료)으로 인한 중도인출 신청 시 의료비영수증의 기간은 언제까지인가요?

A. 의료비영수증은 중도인출 신청시점 과거 1년 기간부터 신청 시까지입니다.

Q. 부양가족의 범위가 어떻게 되나요?

A. 부양가족의 범위는 배우자, 본인 및 배우자의 직계존속, 직계비속, 형제
자매입니다. 배우자의 연령은 상관없지만, 직계존속은 만 60세 이상, 직계
비속은 만 20세 이하, 형제자매는 만 60세 이상 또는 만 20세 이하입니다.

Q. 신청 절차는 어떻게 되나요?

A. DC형: 회사에 증빙서류를 제출하고, 회사가 퇴직연금사업자에 신청합니다.
IRP: 개인이 직접 금융기관에 신청하며, 사유에 따른 증빙서류 필수 제출
필요합니다.

Q. 몇 번이나 중도인출이 가능한가요?

A. 전세자금 사유로의 중도인출 신청은 동일한 회사의 근속기간 중 1회이지만,
그 외 사유에 대해서는 요건을 충족한다면 중도인출 신청 횟수 제한은
없습니다.

Q. IRP와 DC형 모두 중도인출이 가능한가요?

A. DC·IRP형 모두 가입자 신청으로 인출이 가능합니다.

Q. 인출금액 한도가있나요? 얼마나 인출할 수 있나요?

A. 전액 인출 또는 일부 인출 모두 가능합니다. 단, 남은 금액은 계속 퇴직연금
으로 운용됩니다.

Q. 장기요양 사유로 인출을 신청할 경우, 병명의 기준이 있나요?

A. 진단서 또는 의사소견서상 치료·요양 기간이 6개월 이상이어야 하며, 병명
제한은 없습니다.

참고 출처

- 고용노동부, 『근로자퇴직급여 보장법 질의회시집』, 국가법령정보센터
- 중도인출 사유, 증빙 서류 요건, 수령 절차 관련 법령 해석 기준 인용

☞ 『근로자퇴직급여 보장법 질의회시집』은 퇴직연금 실무와 관련한 가장 권위 있는 공식 Q&A집으로, 금융회사와 기업의 연금 실무 담당자들이 자주 참고하는 기준 문헌입니다.

6. 퇴직 시 퇴직급여 수령 절차

퇴직이 확정되면 **퇴직금 수령 방식**을 결정해야 합니다.
DB형이든 DC형이든, **IRP 계좌로의 이전이 기본 흐름**입니다.

☐ 수령 절차

단계	DB형	DC형·IRP형
퇴직 통보	회사가 연금사업자에 통보	회사가 연금사업자에 통보
급여 산정	평균임금 × 근속연수	DC계좌 적립금 잔액(평가액)
자금 확보	추가부담 시 회사 납입	별도 부담 없음
수령방식 안내	일시금(이전예외사유)/IRP/ 연금저축(만55세 이상)	일시금(이전예외사유)/IRP
근로자 선택	신청서 제출	신청서 제출
지급 실행	현금 지급	실물(동일IRP사업자)혹은 현금으로 IRP 송금
원천징수	회사가 퇴직소득세 원천징수	금융회사가 원천징수

✔ **퇴직금이 300만 원 이하이거나 퇴직자가 55세 이상**인 경우
에는 **IRP 이전 예외**로 일시금 수령이 가능합니다.

□ **실무 & 근로자 준비 체크포인트**

항목	DB형(회사)	DC/IRP형(근로자)
급여 확인	외부평가보고서	DC잔액/매도 상품 확인
추가 납입	필요시 회사 보충	없음
수령방식 안내	IRP vs 일시금 비교	동일
세금 점검	중간정산 이력 확인	중도인출 이력 확인

이것만은 꼭! Tip!

• 퇴직 6개월 전부터 **포트폴리오 안정성** 점검 필수!
• **퇴직급여 IRP 입금 후 IRP에서 연금으로 수령** 시 퇴직소득세가 연금소득세
  (퇴직소득세 × 70%)로 전환되면서 **세금 부담을 줄일 수 있어 고액 퇴직자에
  유리**합니다.

제 3 부

개인연금,
제대로 가입하고
관리하는 법

"나는 국민연금도 있고, 회사 퇴직연금도 있다는데…
개인연금까지 꼭 필요할까요?"

답은 'Yes'입니다. 국민연금과 퇴직연금만으로는 **노후 생활비의 60~70%
도 충족하기 어렵다**는 게 통계입니다. 개인연금은 내가 **스스로 설계하는
노후 자산의 핵심축**입니다. 세액공제 혜택도 챙기고, 투자 성향에 맞는 상
품을 선택해 **복리효과까지 노릴 수 있는 수단이죠.** 3부에서는 연금저축,
IRP, 비과세 연금보험 등 개인연금의 종류와 가입·운용·해지·수령의 실전
흐름을 담았습니다.

7장

개인연금 상품 종류 완전 정리

1. 개인연금이란?

"국민연금, 퇴직연금 말고도, 내가 따로 준비할 수 있는 연금이 있다?"

맞습니다!

개인연금은 **스스로 가입**해서 노후 자금을 차곡차곡 쌓아 가는 **자발적 연금 상품**입니다.

🍎 이것만은 꼭! **주요 특징**

- 자유로운 가입과 납입(본인이 원하는 시점에 가입 가능, 납입 금액과 주기도 조정 가능)이 가능합니다.
- 직장과 무관하게 본인이 선택. 특히 자영업자·프리랜서 등 퇴직연금이 없는 사람에게는 **사실상 유일한 노후 대비 수단입니다.**
- 세금 혜택도 있고, 운용방식도 다양합니다!

2. 개인연금의 3가지 대표 유형

첫 번째, 연금저축

연말정산에서 가장 많이 활용되는 절세상품!

세액공제 + 다양한 투자 옵션이 결합된 대표적인 개인연금입니다.

연금저축은 세제 혜택을 받을 수 있는 대표적인 노후준비 수단이지만, 가입하는 금융기관의 종류에 따라 상품의 형태와 운용 방식이 다릅니다.

현재 연금저축은 크게 보험사, 증권사, 은행을 통해 가입할 수 있으며, 각각 아래와 같은 특성을 가집니다.

가장 먼저, 보험사를 통해 가입하는 '연금저축보험'은 안정성을 중시하는 상품입니다. 공시이율이나 최저보증이율을 바탕으로 원리금이 보장되거나 예측 가능한 이율로 운용되기 때문에, 원금 손실 없이 안정적인 수익을 원하는 가입자에게 적합합니다. 다만, 수익률은 비교적 낮고, 중도해지 시 환급률이 떨어질 수 있으므로 장기유지에 유리합니다.

반면, 증권사나 은행의 '연금저축계좌'는 펀드, ETF 등 실적배당형 자산과 원리금상품에 투자할 수 있는 구조로 되어 있습니다. 가입자가 운용 방향을 결정할 수 있어 수익률을 높일 수 있는 기회가 있는 대신, 원금 손실 가능성도 함께 존재합니다. 적극적으로 자산을 운용하고자 하는 투자 지향적 가입자에게 적합한 유형입니다.

연금저축보험
보험사

- 공시이율, 최저보증 이율 등 안정 추구
- 원금 손실 없이 안정적인 수익
- 수익률은 비교적 낮음

연금저축계좌
증권사, 은행

- 원리금, 펀드, ETF에 투자 가능, 수익률 중시
- 원금손실가능성 존재
- 적극적으로 자산운용

📎 요약 정리 **주요 혜택 요약**

- 연 최대 600만 원까지 **세액공제**
- 만 55세 이후 연금 수령 가능
- 연금수령 시 **연금소득세율** 적용(3.3~5.5%)
☞ 인출은 언제든 가능하지만, 세액공제를 받았던 금액은 기타소득세(16.5%)로 과세 후 인출됩니다.

두 번째, IRP(개인형 퇴직연금)

"퇴직금을 받는 계좌 아니었어?"

맞습니다.

그런데! IRP는 퇴직금 외에도 **개인이 추가로 납입**할 수 있기 때문에 **개인연금 상품으로도** 분류됩니다.

🍎 이것만은 꼭! 주요 특징

- 연금저축과 합산하여 **연간 900만 원까지 세액공제 가능**
- 다양한 상품(원리금보장상품, 펀드, ETF, 리츠 등) 투자 가능
- 인출은 **법정 중도인출 사유**에 해당해야만 가능
- 만 55세 이후 연금으로 수령 가능
- ☞ 참고: IRP는 **세액공제율은 동일**하지만, 퇴직소득이 이연되어 연금소득세 (퇴직소득세 × 70%)로 낮게 전환되는 **세후 혜택이 큽니다.**

세 번째, 비과세 개인연금보험

이 상품은 **세액공제는 없지만, 이자소득세를 면제받을 수 있는** 장점이 있어요.

🍎 이것만은 꼭! 주요 특징

- **10년 이상 유지 시** 이자소득세(15.4%) 비과세
- 안정성을 중요시하는 분께 적합(보험 성격)
- 중도해지 시 수수료 부담 및 **원금 손실 가능성 체크**
- ☞ 세액공제보다 **비과세 혜택**에 초점을 둔 장기 저축상품입니다.

3. 마무리 한 줄

"내게 맞는 개인연금은 따로 있다!"

* **세금공제 활용**이 1순위라면 → 연금저축계좌 + IRP
* **노후자산 비과세 효과**를 원한다면 → 비과세 연금보험
* **연말정산 혜택 + 장기자산운용**을 함께 챙기고 싶다면 → 연금저축 + IRP의 조합이 기본 공식입니다.

8장

개인연금 가입부터 해지, 수령까지 실전 흐름

1. 가입 단계 – 나에게 맞는 연금부터 선택하자

"연금, 어디서 가입해야 하죠?"

연금저축과 IRP는 은행, 증권사, 보험사 등 거의 모든 금융기관에서 가입할 수 있습니다.

□ 개인연금 가입 자격 요건 한눈에 보기

구분	가입 가능 대상	주요 특징
연금저축 계좌	국내 거주자라면 **누구나 가능** (나이, 직업, 소득 제한 없음)	– 무소득자, 미성년자도 가입 가능 – 세액공제는 **소득이 있는 경우에만 적용**
IRP (개인형 퇴직연금)	근로자, 자영업자, 프리랜서 등 소득이 있는 개인	– **퇴직급여 수령** 또는 **노후 대비 목적의 자발적 가입** 가능 – 세액공제는 연간 최대 900만 원 연금저축 포함) – 연금저축과 달리 **중도 인출은 제한**

> 🖇 요약 정리

- **연금저축계좌**는 진입장벽이 거의 없는 개인연금의 기본형입니다. 가입은 자유롭지만, **세액공제 혜택은 소득자만 해당**됩니다.

- IRP는 직장 근로자 외 자영업자 등도 가입할 수 있지만, **자산 운용과 인출 제한 등 제약**이 조금 더 많습니다.

2. 운용 단계 – 연금도 투자다

"내 돈이 잘 굴러가고 있는 걸까?"
연금저축과 IRP 모두 다양한 금융상품에 투자할 수 있습니다.
가장 중요한 건 **정기적인 점검과 리밸런싱**입니다.

유형	운용 상품 변경 시 주의할 점
증권형 계좌	펀드, ETF, TDF (타깃데이트 펀드) 등 자유롭게 매도 / 매수 가능
보험형 계좌	특약 변경 시 **사업비가 재차감**되는 경우 있음 → 반드시 확인 필요

🐙 이것만은 꼭! **Tip! 운용 전략**

- 젊을 때는 주식형 비중 높게, 은퇴가 가까워지면 채권·예금 중심으로 리밸런싱!
- 연금은 **장기 투자**가 기본! 단기 성과에 너무 민감할 필요는 없어요.

🐙 이것만은 꼭! **금융기관 바꾸기 (연금계좌이체 or 사업자 이전)**

"수수료도 낮고 수익률도 괜찮은 금융사로 옮기고 싶어요!"
연금저축, IRP는 자유롭게 금융사를 옮길 수 있습니다.
이걸 '연금계좌 이체' 혹은 '사업자 이전'이라고 부릅니다.

비과세 연금보험은 사업자 이전이 불가능합니다.

구분	내용
이전 가능 상품	연금저축계좌, IRP
이전 방식	IRP는 실물이전 or 현금이전 선택 가능 연금저축은 **현금이전만 가능**
처리 소요	D + 매도결제일 + 1~2일(보통 3~5일 내외)
필요 서류	이체 신청서, 신분증(온라인 가능)
수수료	없음

🔆 이것만은 꼭! **절차는 이렇게!**

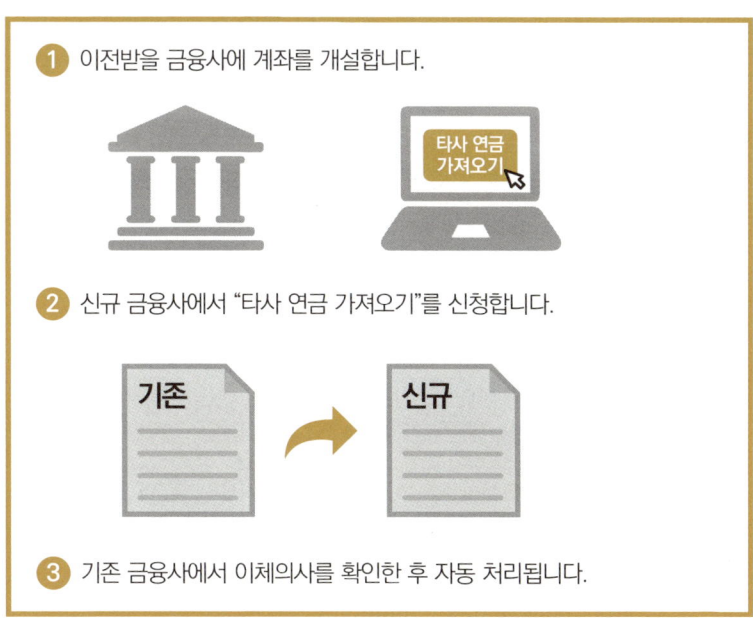

1 이전받을 금융사에 계좌를 개설합니다.

타사 연금 가져오기

2 신규 금융사에서 "타사 연금 가져오기"를 신청합니다.

기존 → 신규

3 기존 금융사에서 이체의사를 확인한 후 자동 처리됩니다.

3. 해지 또는 중도 인출 – 조심해야 할 순간

"사정이 생겨서 연금을 해지하고 싶어요…."

연금저축·IRP는 **세액공제 혜택을 받은 만큼** 중도해지 시 기타소득세율을 따릅니다.

해지 시 세금은 이렇게 부과됩니다:

* 세액공제를 받은 납입 원금+운용수익 → **기타소득세 16.5%**

✔ '부득이한 사유'가 있다면? → 연금소득세 적용 가능!

□ 법적 근거: 소득세법 시행령 제20조의2

No	부득이한 사유	요건 및 비고	증빙 서류
1	**천재지변**	자연재해, 사고 등 피해 발생	재해 사실확인서 등
2	**사망 또는 해외 이주**	사망: 상속인이 인출 가능 해외이주: 출입국관리법상 영구 이주	사망진단서 / 이주확인서
3	**질병·부상**	가입자 또는 부양가족이 **3개월 이상 요양 필요**	진단서 / 요양 내역서 등
4	**재난에 의한 장기입원**	「재난 및 안전관리기본법」상 사회재난에 해당 + 15일 이상 입원	피해 확인서 + 입원확인서
5	**파산 / 개인회생**	사유발생일 기준 6개월 이내 신청	법원 결정문 사본

- 적용 대상: **연금저축계좌, IRP 계좌 등 모든 연금계좌**입니다.
- 증빙 필요: 금융기관에 **증빙자료 제출은 필수**입니다.
- 심사 후 승인되면 → 연금소득세율(3.3~5.5%)로 적용되어 해지됩니다.

연금 가입자가 사망했을 때 상속인은 **계좌 해지 대신 '배우자 승계'** 제도를 신청할 수 있어요.(연금저축계좌, IRP 계좌 해당)

즉, 계좌를 유지하며 세제혜택 구조도 그대로 이어 갈 수 있습니다.

노후를 함께 준비해 온 부부라면 적극 활용해 볼 수 있는 제도입니다.

4. 연금승계란?

연금계좌 승계는 가입자가 사망했을 때, 그 계좌의 잔액을 상속인이 승계하거나 지급받는 절차를 말합니다. **승계 대상은 개인형 IRP(개인퇴직계좌),** 연금저축(보험·신탁·펀드)가 해당됩니다.

연금계좌 승계 시 사망자의 세제이력(세액공제 여부, 재원 구분, 연금수령연차)는 그대로 유지됩니다. 다만, 연금개시 중 승계되었더라도 연금수령은 상속인의 연령요건이 충족되어야 연금개시가 가능합니다.

5. 수령 단계 – 연금의 꽃, 연금 수령

"이제 연금 받는 시점이에요. 어떻게 받나요?"

연금저축과 IRP 모두 만 55세 이상부터 연금 수령이 가능합니다. 수령 방식은 금융기관마다 상이할 수 있습니다.

이것만은 꼭! **연금 수령, 언제부터 받을 수 있나요?**

구분	요건
기본 요건	만 55세 이상 + 가입 후 5년 경과
퇴직연금 이연금 포함 시	만 55세 이상만 충족되면 수령 가능

✔ 만약 52세에 연금저축을 시작했다면, **57세부터 수령 가능.** 단, 중간에 이전된 퇴직소득이 있다면 5년 요건은 생략돼요!

이것만은 꼭! **연금 수령 방식은 어떻게 고를까요?**

각 수령 방식은 유동성과 안정성, 세금까지 영향을 줍니다.

장단점을 비교해서 내 상황에 맞는 방식을 선택하세요!

□ 수령조건 예시(금융기관마다 상이할 수 있음)

방식	설명	장점	단점
정액형	매달 일정 금액 지급	예측 가능성 높음	물가 상승 시 실질 가치 하락
기간지정형	수령 기간을 정해서 분할 수령	시장 수익률 반영 가능	금액이 매번 달라짐
연금수령한도형	세법상 연금수령 한도 내에서만 수령	세제 혜택 극대화	유동성은 낮음
수시인출	필요할 때 꺼내 쓰는 방식	유연성 최고	장기 자산 계획 약화 가능
일시금	전액 한 번에 수령	당장 자금 필요시 유리	세금 부담 큼, 노후자산 사라짐

🔖 이것만은 꼭! **Tip!**

"**연금수령한도형**"은 세제혜택을 지키면서 수령하는 데 가장 유리한 방식이에요.

다만, 필요한 자금이 급하게 생기면 수시인출로 조절할 수 있습니다.

🔖 이것만은 꼭! **연금 수령 시 세금은 어떻게 계산될까?**

연금계좌 안에는 다양한 돈의 '성격'이 섞여 있습니다.

어디서 나온 돈이냐에 따라 세금도 달라집니다.

재원 구분	세금 적용
세액공제 받은 납입금	연금소득세율 3.3%~5.5% ※ 나이가 많을수록 낮아짐
이연된 퇴직소득	퇴직소득세의 70%만 과세
운용수익	연금수령한도 내 → 연금소득세 한도 초과 시 → 기타소득세 16.5%
비세액공제 개인 납입금	**비과세**(세액공제 안 받은 자기 돈은 과세 안 함!)

예를 들어

- IRP에 퇴직금 + 개인 납입을 섞어 넣고, 55세 이후 정액형으로 매달 일정액을 꺼내 쓰면, 퇴직소득에 대해서는 퇴직소득세의 70%만 적용되므로 세금 부담이 낮습니다.

📎 **요약 정리**

항목	설명
수령 가능 나이	만 55세 이상 + 가입 5년 경과
수령 방식 선택지	정액형, 기간지정형, 연금수령한도형, 수시인출, 일시금 등 다양
세금 기준	납입 성격별로 과세 방식 다름(세액공제 여부, 퇴직소득 여부 등

💡 이것만은 꼭! **실전 Tip! 이렇게 준비하세요!**

- 연금저축과 IRP는 연말정산 시 절세효과를 누릴 수 있는 **기본 틀**
- 해지는 최대한 피하기 위해 **운용 계획을 길게 가져갈 것**
- 수령은 분할 수령이 원칙 – 단기 인출보다 유리
- 금융기관 변경은 **계약이전 제도**를 통해 수수료 낮고, 수익률 높은 곳으로!

제 4 부

연금과
세금,
모르면 손해

"세액공제는 받았는데, 나중에 세금은 또 내야 하나요?"
"퇴직연금 받았더니 퇴직소득세가 왜 이렇게 많이 나오죠?"

연금은 단순한 저축이 아니라, **세금과 긴밀히 연결된 절세상품**입니다.
4부에서는 연금 세제의 전체 그림을 보여 줍니다.
**납입-운용-수령 단계별 과세 흐름, 퇴직소득세의 구조, 연금수령 시 세율,
절세전략 시뮬레이션**까지. 연금의 '세후 수익률'을 높이는 전략의 핵심을 담
았습니다.

9장

연금, 세금은 언제 어떻게 붙을까?

"연금계좌는 세제 혜택이 있다는데, 정확히 어디서? 어떻게 절세가 되는 걸까?"

이 장에서는 **연금의 세금 흐름을 한눈에 정리**하고, '언제', '어떤 조건에서', '얼마나' 세금을 아낄 수 있는지 실무 관점에서 풀어 봅니다.

1. 연금 세금 구조 한눈에 보기

연금계좌는 세금 흐름이 **"입금 → 운용 → 인출"**로 나뉘며, 각 단계에서 특별한 세제 혜택이 적용됩니다.

납입할 때: 세액공제

☐ 납입한도 & 세액공제율 요약표

구분	세액공제 한도	공제율	최대 공제액
연금저축	연 600만 원	총급여 5,500만 원 이하: 16.5% 초과: 13.2%	99만/79.2만 원
IRP (개인납입)	연금저축과 합산 900만 원	동일	148.5만/118.8만 원

💡 이것만은 꼭! **소득세법 §59의3**

- 총급여 5,500만 원 이하 → 세액공제율 15%(지방세 포함 16.5%)

- 초과 시 12%(지방세 포함 13.2%) 적용

- 세액공제한도 초과분은 공제는 안 되지만 수령 시 비과세

💡 이것만은 꼭! **ISA 만기 전환 시 최대 300만 원 추가 공제 가능(전환금의 10%)**

예를 들어

- ISA 만기금액 중 1,000만 원을 연금계좌로 납입 → 10%인 100만 원이 추가공제 됩니다.

☐ ISA 전환금액을 IRP에 입금한 사례

항목	금액
ISA 만기금액	3,000만 원
전환금액 중 IRP로 입금한 금액	3,000만 원
ISA 전환 관련 추가 세액공제 한도	전환금의 10% = 300만 원
IRP납입금액	900만 원

✔ 총세액공제 대상 금액: 1,200만 원

운용할 때: 과세이연 + 복리 효과

"연금계좌 안에서는 이자·배당·수익이 생겨도 세금을 '보류'합니다."

항목	과세 여부	설명
예금이자, 펀드수익	과세이연	인출 시까지 과세 안 함
ETF 매매차익	과세이연	분배금도 과세 없음
펀드 교체매매	과세이연	상환·매도 후 재투자 시 과세 없음

✔ 소득세법 §20의3 + 시행령 §40의2

☞ 연금계좌 안의 수익은 '인출할 때 한 번만 과세'

✔ 운용 중에 펀드를 바꾸거나 ETF를 매도해도 세금은 0원!

□ **절세 시뮬레이션 예시**

항목	일반계좌	연금계좌
투자원금	900만 원	900만 원
5% 수익률 20년 후	2,388만 원	2,990만 원
누적세금	약 231만 원	약 164만 원
세후 잔액	2,157만 원	2,826만 원

✔ 연금계좌가 약 31% 더 많은 자산 형성!

수령할 때: 저율과세 또는 연금 외 세율

상황	과세방식	세율
정해진 조건대로 연금 수령	연금소득세	3.3%~5.5%
퇴직소득 이연분 연금 수령	퇴직소득세의 70%	
중도해지 등 기타 인출	퇴직소득세/기타소득세	퇴직소득세: 개인별 상이 기타소득세: 16.5%

✔ 연금 수령한도 초과 시 → 초과액은 기타소득세로 과세

✔ 납입액중 세액공제 한도 초과금액은 비과세

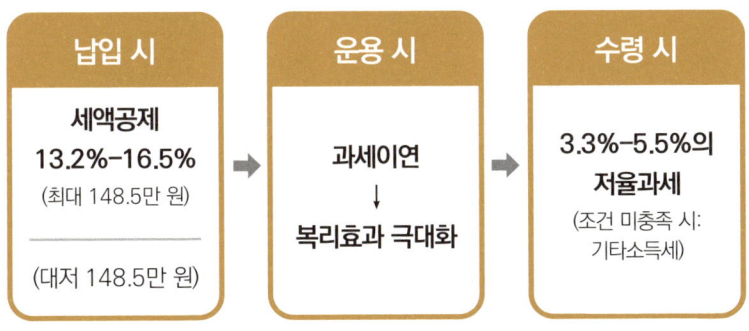

정리하자면, **연금계좌는 "세금을 미루고, 줄일 수 있는" 절세 플랫폼입니다.** 세후 수익률 관점에서 보면 일반 계좌보다 훨씬 유리한 구조죠.

10장

퇴직연금의 세제 혜택과 과세 방식

퇴직연금은 단순히 은퇴자산을 쌓는 통장이 아닙니다.

납입 → 운용 → 수령까지 세제혜택이 따라붙는 구조로, **사용자와 근로자 모두에게 세금 전략의 기회**가 열려 있습니다.

이 장에서는 DB, DC, IRP 제도별 과세 구조를 비교하고, 퇴직소득세·연금소득세 흐름을 실제 계산 방식과 함께 풀어 드립니다.

1. 퇴직연금 제도별 세제 구조 총괄 비교표

구분	DC형	DB형	IRP
납입 주체	사용자 + 근로자	사용자	개인(근로자)
세제 혜택	사용자: 손금산입 근로자: 세액공제 (최대 900만 원)	사용자: 손금산입 (법인세 절감)	개인: 세액공제 (최대 900만 원)
운용 수익 과세	과세이연	과세이연	과세이연
수령 시 과세	IRP로 퇴직소득세 과세이연	근로자 퇴직 시 정해진 퇴직금 지급. 퇴직 금액에 대한 근로자의 퇴직소득세 계산	연금수령 시 연금소득세
중도인출 시 세금	퇴직소득세	퇴직소득세 (중간정산)	기타소득세 16.5% 부득이사유인 경우에는 연금소득세

요약 팁

- **DB형**: 근로자 명의로 적립이 안 되어 개인 세액공제 혜택은 없습니다.
- **DC·IRP형**: 개인 세액공제 혜택이 가능합니다.
- **모든 유형**: 운용수익은 '과세이연' → 복리효과를 극대화할 수 있습니다.

🔆 이것만은 꼭! **퇴직연금과 손금산입의 관계**

- 회사가 DC형, DB형, IRP형 퇴직연금 제도에 따라 **근로자를 위해 부담금을 납입**합니다.
- 이 납입금은 **근로자의 급여가 아닌, 회계상 '복리후생비' 또는 '퇴직급여 충당금'** 등으로 처리됩니다.
- 세법에서는 이 부담금을 **회사의 비용(손금)**으로 인정해 줍니다.
- 그래서 해당 금액만큼 **법인세 과세표준이 줄어들고**, 결과적으로 **회사 입장에서는 세금을 절약**할 수 있습니다.

🔆 이것만은 꼭! **관련 법 조항**

- **법인세법 제25조**: 법인이 퇴직급여충당금 또는 퇴직연금 부담금을 적립한 경우, 일정 요건하에 이를 손금으로 인정
- **소득세법과도 연계**: 근로자는 퇴직연금 수령 시 과세되고, 법인은 납입 시점에 손금산입하여 세제 혜택

2. 퇴직금 수령 시 세금 계산 흐름

퇴직소득세 계산 공식

퇴직소득세는 일반 소득세처럼 누진세율을 적용하지 않고, **"퇴직소득"이라는 별도의 과세표준**을 계산하여 과세합니다.

우선 전체 퇴직급여에서 퇴직소득공제를 차감해 '퇴직소득'을 계산합니다.

이후 이 금액을 근속연수로 나누어, 1년에 해당하는 소득으로 환산한 연평균 과세표준을 구합니다.

이 연평균 금액에 종합소득세율을 적용하여 1년 치 세액을 산출하고, 마지막으로 이를 다시 근속연수만큼 곱해 전체 퇴직소득세를 결정하게 됩니다.

즉, 전체 퇴직소득을 여러 해에 걸쳐 분산된 소득으로 보고 세금을 계산하는 셈이라, 실제 세율은 누진 구조에 비해 완만해집니다.

이 구조 덕분에 장기간 근속자의 세 부담은 상대적으로 완화되는 효과도 있습니다.

예를 들어 볼까요?

A 씨는 20년간 근무한 후 퇴직하면서 총 2억 원의 퇴직금을 수령했습니다. 이제 이 퇴직급여에 대해 퇴직소득세가 어떻게 계산되는지 순서대로 살펴보겠습니다.

① **퇴직소득 계산**

먼저 퇴직소득공제를 적용합니다. 퇴직금 2억 원에서 퇴직소득 공제를 차감하면, 예를 들어 남는 금액이 1억 2천만 원이라고 가정합니다.

☞ 이 1억 2천만 원이 바로 과세 대상인 '퇴직소득'입니다.

② **연평균 과세표준 구하기**

퇴직소득 1억 2천만 원을 근속연수 20년으로 나눕니다.

☞ **연평균 과세표준은 600만 원**

③ **연평균 금액에 종합소득세율 적용**

600만 원에 해당하는 구간의 일반 소득세율을 적용합니다. 현재 기준으로 600만 원 이하 구간은 **6%**

☞ **연간 산출세액은 600만 원 × 6% = 36만 원**

④ **근속연수만큼 곱하여 총퇴직소득세 계산**

36만 원 × 20년 = **총퇴직소득세 720만 원**

즉, 총퇴직금이 2억 원이라 해도 단일 세율을 적용하는 것이 아니라, 1년 치 소득으로 나누어 세율을 적용한 후 다시 근속연수만큼 곱하는 방식이기 때문에 세금 부담이 상대적으로 낮아지는 구조입니다.

홈택스 퇴직소득세 모의계산기 이용 방법

① 홈택스 접속 및 모의계산 메뉴

- 홈택스 홈페이지에 접, 상단 메뉴에서 **[모의계산]** 〉 **[세금모의계산]**을 클릭합니다.
- 좌측 메뉴에서 **[퇴직소득세]**를 선택합니다.

② 기본 정보 입력

- **귀속연도**: 퇴직일이 속한 연도를 선택합니다.
- **퇴직사유**: 정년퇴직, 자발적 퇴직 등 해당 사유를 선택합니다.
- **근무처명**: 퇴직한 회사의 이름을 입력합니다.
- **퇴직급여**: 총퇴직금 금액을 입력합니다.
- **입사일 및 퇴사일**: 정확한 날짜를 입력하여 근속연수를 자동 계산합니다.

③ 연금계좌 이체 여부 입력

- 퇴직금을 연금계좌(IRP 등)로 이체할 경우, 해당 정보를 입력합니다.
- 이체 금액과 입금일 등을 정확히 기재하면, 이연퇴직소득세 계산이 가능합니다.

④ 계산 결과 확인

- 모든 정보를 입력한 후 **[계산]** 버튼을 클릭하면, 예상 퇴직소득세가 산출됩니다.

참고사항

- 계산기는 참고용으로 제공되며, 실제 세액과는 차이가 있을 수 있습니다.
- 정확한 세액은 퇴직급여지급명세서나 IRP 사업자에서 제공하는 자료를 통해 확인하시기 바랍니다.

퇴직급여를 **연금계좌(IRP 등)로 이전, 연금 수령 시** 퇴직소득세의 **70%만 원천징수** 하여 세부담이 줄어듭니다.

3. 퇴직소득세 '합산과세'란?

같은 근로계약에서 퇴직금을 나눠서 받으면, 세금을 다시 계산해야 할 수도 있습니다.

"왜 세금이 발생할까요?"

소득세법은 특정한 요건에 해당하는 경우 '강제합산과세'를 적용하고, 일정 요건에서는 **납세자 선택에 따라 '선택합산과세'를 허용**하고 있습니다.

🔖 이것만은 꼭! **강제합산 과세란?**

같은 과세연도 안에 퇴직소득이 2건 이상 있는 경우, 예외적으로 **퇴직소득을 합산하여 하나처럼 계산**하는 제도입니다.

퇴직소득은 원칙적으로 분리과세 대상이지만, 동일한 퇴직사유로 발생한 급여를 여러 차례에 걸쳐 수령하거나, 인위적으로 분할하여 수령하는 경우 누진세 회피가 발생할 우려가 있습니다.

예시
- 같은 해에 1억 × 3회 퇴직금 → 각 1억씩 분리과세 → 낮은 세율로 3번 부과
- ☞ 반면, 3억 일시 수령자 → 높은 누진세율 적용

선택합산 과세란?

2건 이상의 퇴직소득이 서로 다른 과세연도에 발생했더라도, 납세자가 신청하면 **합산하여 퇴직소득세를 다시 계산**할 수 있는 제도입니다.

기본적으로는 서로 **다른 해에 퇴직했으면 각각 분리과세**됩니다. 하지만, 그중 한 퇴직에서 세금을 너무 많이 냈다면, 이후 퇴직소득과 합산하여 다시 계산해 보고 더 **낮은 세금이 나오면 차액을 환급**받을 수 있습니다.

□ 강제합산, 선택합산 개념 정리

항목	강제합산 과세	선택합산 과세
정의	같은 과세연도에 2건 이상의 퇴직소득 발생 시, 퇴직소득을 강제로 합산하여 과세	서로 다른 연도에 발생한 퇴직소득을 납세자가 **신청에 따라 합산**해 다시 계산하는 제도
적용 조건	같은 연도에 2건 이상의 퇴직소득 발생	다른 연도에 퇴직소득이 각각 발생한 경우
적용 여부	**의무적**(자동 적용)	**선택적**(납세자 요청 시만 적용)
세금 효과	대부분의 경우 세금 증가 (누진세율 합산 적용)	세금이 낮아지는 경우만 적용됨 (유리할 경우에만 선택)
신청 절차	불필요(자동 합산 적용)	퇴직신청 시 신청 퇴직 후 5년 내 **경정청구** 또는 **수정신고**
관련 사례	퇴직 시 법정퇴직금 + 명예퇴직금 수령 시	과거 중도인출 有, 최종퇴직 시

관련 소득세법

- 소득세법 제20조 제1항 제4호
- 소득세법 시행령 제143조 [퇴직소득에 대한 과세표준의 계산 등]
- 소득세법 시행령 제143조의2 [퇴직소득의 선택합산과세]

실무 전략 요약

- **DB형**: 근로자 관점에서 운용 리스크는 없지만, 세액공제도 없습니다.
- **DC형**: 추가납입+자기 운용 가능 → 세액공제로도 활용할 수 있습니다.
- **IRP형**: 개인 납입과 퇴직금 모두 수용 → 유연성과 절세 기능을 겸비하고 있습니다.
- **퇴직금 수령 시 IRP로 이체, 연금으로 분할수령 → 퇴직소득세의 70% 수준으로 절세할 수 있습니다.**
- 강제합산은 **의무 적용**, 선택합산은 **납세자 신청에 따른 선택 적용이 가능합니다.**
☞ 각각 세금 전략과 퇴직 시기 설계에 큰 영향을 미칩니다.

퇴직연금은 **"퇴직금"**에서 **"절세 + 노후소득"** 플랫폼으로 진화했습니다.

11장

연말정산 실전 Tip -
연금 세액공제 제대로 챙기기

매년 반복되는 연말정산 시즌, 연금저축과 IRP는 단순한 노후 준비 수단을 넘어 **"연말정산 시 환급을 만들어 내는 절세 플랫폼"** 입니다.

이 장에서는 실무자와 가입자가 알아야 할 포인트와 실제 상황별 대응 전략을 정리합니다.

□ **표로 보는 연금 세액공제 구조**

구분	공제율	최대 공제한도	비고
총급여 5,500만 원 이하	16.5% (지방세 포함)	900만 원 (연금저축 600 + IRP 300)	고효율 공제 가능
총급여 5,500만 원 초과	13.2% (지방세 포함)	동일	공제율 낮지만 여전히 유리한 절세 수단

✔ 연금저축 + IRP 합산 900만 원까지만 세액공제 가능합니다.

✔ 납입한 금융기관에서 국세청 간소화 서비스로 자동 전송하고 있습니다.

✔ 맞벌이 부부의 경우 각자 명의로 납입 시 각각 공제가 가능합니다.

참고
- ISA 전환금 관련 추가 세액공제(최대 300만 원)는 이 900만 원 한도와는 별도로 적용됩니다.
- 따라서 ISA 전환분까지 포함하면 총세액공제 혜택이 **더 늘어날 수 있습니다.**

□ **연금계좌 세액공제 제도 변경**

구분	2022~2023년	2024년~현재
연금저축	400만 원	**600만 원**
IRP	700만 원(연금저축 포함)	**900만 원(연금저축 포함)**
최대한도	700만 원	**900만 원**
ISA 전환 추가공제	없음	**300만 원(전환금의 10%)**

관련 법령
- 소득세법 제59조의3, 시행령 제88조의4, 조세특례제한법 제86조의2, 소득세법 제59조의3

🔆 이것만은 꼭! **자주 묻는 연금계좌 연말정산 Q&A**

Q. 1월에 납입 후 11월에 인출하면 공제 유지되나요?

A. 아니요. 같은 해 납입하고 같은 해에 인출하면 **세액공제 적용대상이 안 됩니다.**

Q. 간소화 서비스에서 납입내역이 조회되지 않아요.

A. 해당 금융사에 **전송 누락 여부를 확인**하고, 재전송을 요청하세요.

Q. 자동이체를 한 달 건너뛰면 불이익 있나요?

A. **세액공제 대상금액만 줄어들 뿐 불이익은 없습니다.**

Q. 연금저축계좌를 타 금융사로 옮기면 데이터는?

A. 연도별 납입 데이터는 신규 금융사가 국세청에 전송합니다. 단, **12월 31일 이전 이전 완료**가 되어야 해당 연도 공제에 포함됩니다.

Q. 한도 초과 납입 시 환급받을 수 있나요?

A. 초과분은 연말정산 공제대상은 안 되지만 비과세재원으로 분류됩니다.

☞ 비과세금액에 대해서는 다음 해 공제로 이월신청 가능합니다. 별도 신청 필수!

Q. 배우자 명의 연금계좌 납입도 공제되나요?

A. 아니요. **세액공제는 본인 명의 연금계좌에 한해 가능**합니다. 배우자·자녀 명의는 공제 대상이 아닙니다.

💡이것만은 꼭! **실전 체크포인트**

- 12월 20일 이전 납입을 권장(처리 지연 방지)합니다.
- **IRP는 추가 납입에 유리한 플랫폼** → 고액 납입 전략으로 활용하세요.
- **부부 납입분은 각각 공제 가능**(단, 각자 계좌로 납입 필요)합니다.
- **납입기록이 국세청에 누락될 수 있으니 연말정산 간소화서비스 확인은 필수입니다.**

12장

연금수령 단계 Tip - 수령 타이밍·세율·한도 최적화 전략

연금은 수령하는 방식에 따라, 같은 금액이라도 세금 차이가 수십만 원에서 수백만 원까지 벌어질 수 있습니다.

특히 연금저축과 IRP는 퇴직 이후 소득이 줄어드는 시기에, 절세효과와 소득공제를 동시에 누릴 수 있는 '지속 가능한 현금흐름 수단'으로 자리 잡았습니다.

실제 연금 수령 시점에서 실무자와 가입자가 반드시 고려해야 할 과세 방식, 수령 순서, 전략적 수령 포인트를 정리합니다.

1. 연금소득세율 구조(2025년 기준)

연령 구간	적용 세율(지방소득세 포함)
만 55세 이상 ~ 69세 이하	5.5%
만 70세 이상 ~ 79세 이하	4.4%
만 80세 이상	3.3%

(출처: 국세청 연금소득 원천징수 안내)

실무 TIP!

- **연금 수령 시기 조절**: 가능하다면 연금 수령을 만 70세 이후로 시작하여 낮은 세율을 적용받는 것이 유리합니다.
- **연금 수령액 분산**: 연간 연금수령액이 1,500만 원을 초과하면 종합과세 대상이 될 수 있으므로, 수령액을 조절하거나 배우자와 분산 수령하는 전략이 절세에 도움이 됩니다.

2. 나이별 연금소득세 시뮬레이션

조건

- 연간 연금 수령액: **1,200만 원**
- 연금수령기간: 10년 이상
- 기타소득 없음 → **분리과세 적용 가능**
- 지방소득세 포함 세율 사용

□ **연령별 세부담 비교(2025년 세율 기준)**

연령	적용 세율	연금소득세액	실수령액
만 55세~69세	**5.5%**	66만 원	1,134만 원
만 70세~79세	**4.4%**	52.8만 원	1,147.2만 원
만 80세 이상	**3.3%**	39.6만 원	1,160.4만 원

✔ 수령시기를 조정할 수 있다면 **만 70세 또는 80세 이후 수령**이 세금 면에서 절대적으로 유리합니다.

✔ 수령액이 클수록 **절대세액 차이도 커집니다.**(예: 연 2,000만 원 수령 시, 차이는 44만 원까지)

3. 연금수령연차와 실제수령연차, 연금수령한도

이것만은 꼭! **"연금수령연차"란?**

연금계좌에서 연금을 수령할 때 적용되는 '연금수령연차'는 단순한 시간의 흐름을 따르는 것이 아니라, 연금수령 요건을 처음으로 충족한 해를 기준으로 매년 하나씩 더해지는 방식으로 계산됩니다.

이 연차는 연금수령한도를 산정할 때 매우 중요한 요소로 작용하므로, 정확한 기준을 이해하고 있어야 합니다.

특히 가입 시점에 따라 연금수령연차의 시작 연도가 달라지므로 주의가 필요합니다.

2013년 3월 1일 이전에 가입한 연금계좌는 연금 수령 요건을 충족한 연도부터 **'6년 차'로 시작**하며, 2013년 3월 1일 이후에 가입한 계좌는 **'1년 차'로 시작**하여 매년 하나씩 증가하게 됩니다.

예를 들어, 2012년에 연금계좌에 가입하고 2025년에 연금 수령 요건을 충족한 경우, 2025년은 곧바로 6년 차로 간주됩니다. 반면 2014년에 가입했다면, 같은 2025년이라도 1년 차부터 시작해 해마다 2년 차, 3년 차로 연차가 늘어납니다.

이처럼 연금수령연차는 단순히 가입 후 경과기간이 아닌, **'연금 개시 요건을 충족한 해부터 계산'**하며, **가입일자에 따라 최초 연차가 달라진다**는 점을 기억해 두세요.

예시 1: 2012년 가입자의 경우
- 가입일자: **2012년 6월 1일**
- 연금개시요건 충족: **2025년(만 60세 & 5년 이상 유지)**
- ☞ **2025년 = 6년 차 시작**
- 이후: 2026년 7년 차, 2027년 8년 차로 연차 증가

예시 2: 2014년 가입자의 경우
- 가입일자: **2014년 1월 10일**
- 연금개시요건 충족: **2025년(만 61세 & 5년 이상 유지)**
- ☞ **2025년 = 1년 차 시작**
- 이후: 2026년 2년 차, 2027년 3년 차로 연차 증가

💡 이것만은 꼭! Tip! 왜 중요한가요?

연금수령연차는 **연금 수령한도**를 계산할 때 직접적으로 반영됩니다. 수령연차가 늘어날수록 연간 수령 가능한 금액의 한도도 함께 늘어나기 때문에, 가입일자에 따라 세제혜택의 크기에도 영향을 줄 수 있습니다.

참고: 가입일자의 종류

- 연금계좌가입일: 최초입금일자
- **DC가입일:** 회사가 DC형에 근로자가 편입된 후 첫 입금일
- **DC퇴직금 → IRP인 경우** DC가입일을 IRP가입일로 적용 가능
- **DB제도가입일:** 회사가 DB형 퇴직연금제도를 도입하고 근로자가 편입된 날짜
- **DB퇴직금 → IRP인 경우:** IRP가입일로 적용은 불가. 하지만, 최초 DB제도 가입일에 대해서 연금수령연차 계산 시에는 적용 가능

연금수령연차 6년 간주 조건

2013. 3. 1. 이전 가입 + 퇴직소득 전액을 신규연금계좌로 이체할 것.

참고 조문
- **소득세법 시행령 제143조의3 [퇴직소득세의 분할납부 특례] 제1항 제2호:** 2013. 3. 1. 이전에 DB형 퇴직연금제도에 가입한 경우로서, 그 소득 전액을 연금계좌로 이체한 경우에는 연금수령연차를 6년 차로 간주함

"연금실제수령연차"란?

연금계좌에서 실제로 연금을 수령한 횟수를 기준으로 하는 연차를 말합니다.

즉, 연금수령을 개시한 이후 **연속된 과세기간(연도) 중 실제 수령이 있었던 해의 순번**입니다.

- **관련 법령:** 소득세법 시행령 제143조의3

🔔 이것만은 꼭! **연금실제수령연차의 사용 목적**

기본적으로 퇴직금을 IRP(개인형퇴직연금) 등으로 이체한 뒤 연금으로 수령하면, 원래 내야 할 퇴직소득세 중 **70%만 먼저 납부**하고, 나머지 30%는 향후 연금 수령기간에 따라 추가로 정산하게 됩니다.

특히 연금실제수령연차가 **10년 차를 초과**할 경우, 세금 감면 혜택이 더 커지게 되며, 최종적으로는 **퇴직소득세의 60%만 납부**하는 수준까지 감면됩니다.

즉, 연금으로 오래 수령할수록 퇴직소득세 부담이 줄어드는 구조인 셈입니다.

요약하자면, 퇴직금을 연금계좌로 이체한 후 **10년 이상에 걸쳐 연금으로 꾸준히 수령하면, 퇴직소득세의 상당 부분을 감면받을 수 있는 혜택**이 주어진다는 것입니다.

> * 2025년 세법개정으로 인해, 2026년도 부터는 연금실제수령연차 20년 차 초과 시 퇴직소득세의 50%만 납부하는 혜택이 추가되었습니다.
>   .

☐ **연금수령연차 vs 연금실제수령연차 비교**

구분	연금수령연차	연금실제수령연차
정의	연금수령이 가능한 해부터 경과된 연차	실제 연금을 수령한 해의 누적 연차
적용 기준	**수령 가능연도 기준** (과세기간 단위)	**실제 수령연도 기준** (금액 수령 시점 기준)
사용 목적	연금수령한도 계산	퇴직소득세 감면율 확대 적용
실무 반영 방식	최초 수령 가능일로 1년 차 or 6년 차 이후 매년 증가	실제 수령한 연도가 연차로 기록됨

예시

A 씨는 IRP에서 2025년에 연금수령 개시하고, 2025년에 1회, 2026년에는 미수령, 2027년에 수령.

- **연금수령연차**(법령상 기준): 2025년 = 1년 차, 2026년 = 2년 차, 2027년 = 3년 차
- **연금실제수령연차**(실제 수령 기준): 2025년 = 1년 차, 2027년 = 2년 차
- ☞ 퇴직소득세 감면율 확대(70% → 60%) 적용 시, 실제 수령 기준인 '연금실제수령연차'를 적용해야 하므로 퇴직소득세 감면율 확대를 위해서는 매년 조금씩이라도 연금을 수령해야 합니다.

연금수령연차 및 실제수령연차 관련 Q&A

Q. 연금수령연차는 어떻게 계산하나요?

A. 연금수령이 **가능한 과세기간(만 55세 이상 수령 가능)** 연도를 1년 차로 보고 매년 1씩 더해 계산합니다. 실제로 연금을 수령했는지는 체크하지 않습니다.

☞ 예: 2025년 연금수령 요건 충족 → 2025년이 1년 차, 2026년이 2년 차
혹은, 2025년 연금수령 요건 충족 → 2025년이 6년 차, 2026년이 7년 차

Q. DC형 퇴직연금에서 IRP로 이체했을 때, 연차는 어떻게 산정되나요?

A. DC제도에서 납입이 시작된 날(최초 입금일)이 IRP계좌의 가입일이 됩니다. IRP로 이체하더라도, 해당 DC제도의 가입일이 **승계**됩니다.

Q. DB제도에서 퇴직한 경우에는 어떤 기준을 적용하나요?

A. 회사가 DB제도를 도입하고 근로자가 처음 편입된 날이 가입일이 됩니다. 만약 이 가입일이 **2013년 3월 1일 이전**이라면, 퇴직소득 전액을 IRP나

연금저축으로 이체하면 **연금수령연차를 6년 차로 간주**할 수 있습니다.

Q. 왜 6년 차 간주가 중요한가요?

A. 연금수령연차는 연금수령한도를 계산할 때 중요한 요소입니다. 연금수령한도 내로 인출할 때 연금소득세로 적용받기 때문이에요. 연금개시 후 정기수령 외에 추가 인출을 해야 하는 경우 연금수령한도가 클수록 좋겠죠?

Q. IRP를 새로 개설한 경우에는 연차가 1년 차부터인가요?

A. 기본적으로는 **IRP 계좌 개설하고 첫 입금한 날이 가입일로 연차 산정 기준**이 되지만, **DC 또는 DB 가입 이력이 있는 퇴직금이 입금될 경우**, 다른 기준이 적용됩니다.

Q. 연금가입이력을 어떻게 확인하나요?

A. **확인 방법**은 퇴직연금사업자 또는 회사 인사팀에 퇴직연금 가입내역서를 요청할 수 있어요.

Q. 연금수령연차가 11년 차를 넘으면 어떤 이점이 있나요?

A. 연금수령연차가 11년 차 이상이 되면, 연금수령한도 계산 시 연금계좌평가액 전액이 연금소득세 적용대상이 됩니다.

Q. 연금수령연차는 자동으로 올라가나요?

A. **연금수령연차는 자동으로 올라가지만, 연금실제수령연차는 자동으로 올라가지 않습니다. 연금실제수령연차는** 연금수령이 가능하더라도, **실제로 연금을 수령한 연도만 연차로 계산**됩니다.

☞ 예를 들어 2025년 수령 시작 후 2026년에 수령하지 않으면, 2026년은 연금수령연차에 포함되지 않습니다.

Q. 연금수령연차나 연금수령한도는 모든금융기관 연금계좌에 동시에 적용되나요?

A. 각 연금계좌별로 적용됩니다.

Q. 실제수령연차는 수령 주기를 분기 또는 반기로 해도 연차가 올라가나요?

A. 네. 해당 과세연도에 소액이라도 연금소득이 발생하면 1년 차로 인정됩니다. 수령주기(월·분기·반기)는 관계없습니다.

🔦 이것만은 꼭! 소득세법상 "연금수령한도"의 정의

연금수령한도란, 연금계좌(연금저축계좌, IRP)에서 연금으로 수령 시 해당 금액에 대해 **연금소득세(3.3~5.5%)** 또는 **퇴직소득세 감면분(70%만 납부)**을 적용할 수 있는 **연간 수령 상한선**을 의미합니다.

[연금수령한도] = [평가액 ÷ (11 − 수령연차)] × 120%

예시) 평가액 2억 원, 1년 차

☞ 한도 = (2억 ÷ 10) × 1.2 = 2,400만 원

연차	한도 배수	설명
1년 차	평가액 ÷ 10 × 1.2	가장 제한적
6년 차	평가액 ÷ 5 × 1.2	연금가입일자 체크
11년 차 이상	제한 없음	전액 연금소득세 적용 수령 가능

근거 법령

소득세법 시행령 제88조의5

- 연금계좌에서 수령한 금액은 **연금수령요건**을 충족하고 **정해진 수령한도 내일** 경우에만 연금소득으로 과세(분리과세 3.3~5.5% 또는 퇴직소득세의 70%)

소득세법 시행령 제143조의3

- 퇴직소득을 연금계좌로 이체한 후, 연금수령한도 초과 시 초과분은 **퇴직소득세 100% 원천징수** 대상

☐ 한도를 초과한 경우: 원천별 과세

재원 구분	연금수령한도 내 수령	한도 초과 시 인출
퇴직소득재원	퇴직소득세 70%만 납부 (연금수령연차 따라 감면)	퇴직소득세 100% 부과
운용수익재원	연금소득세(3.3~5.5%)	기타소득세 16.5%
세액공제재원	연금소득세(3.3~5.5%)	기타소득세 16.5%

4. 연금계좌 내 재원 구조와 과세 순서 이해하기

연금계좌(IRP, 연금저축 등)는 하나의 통장처럼 보이지만, 그 안에는 성격이 서로 다른 자금이 섞여 있습니다.

이 자금들은 어떻게 납입되었는지에 따라 **비과세 재원, 퇴직소 득 재원, 기타소득 재원**으로 나뉘며, **수령 시기와 방식에 따라 과 세 여부가 크게 달라질 수 있습니다.**

이것만은 꼭! 재원은 이렇게 구성됩니다

연금재원 구분하기

비과세재원	퇴직소득재원	기타소득재원
• 세액공제 받지 않은 금액 • 사전분류 필요	• 퇴직금 이체로 발생 **(분리과세)** • 퇴직소득세 이연 → 연금수령 시 낮은 세율	• 세액공제받은 납입액 + 수익금 • 연금으로 수령 → 연간 수령액 1,500만 원 초과 시 **종합소득세** 대상

① 비과세 재원

- 세액공제를 받지 않고 납입한 금액입니다.(예를 들어 IRP계좌에 1,800만 원 입금. 세액공제 최대한도 900만 원 外 900만 원은 자동 비과세)
- 이 재원은 연금으로 수령하든, 일시금으로 인출하든 **전액 비과세**입니다.
- 다만, 세액공제 최대한도를 넘어 자동비과세가 된 경우가 아니라면, 반드시 **연금 개시 전에 금융회사에 '비과세 재원'으로 변경**해야 적용됩니다.

② 퇴직소득 재원

- 퇴직금을 IRP 등 연금계좌로 이체할 때 형성된 금액입니다.
- 이 금액은 퇴직 당시 확정된 퇴직소득세가 연금수령 한도 내에서 연금 수령 시 **퇴직소득세 × 70%로 분리과세**됩니다.
- 연금 수령 목적에 가장 적합한 세제 혜택 구조를 가지고 있습니다.

③ 기타소득 재원
- 세액공제를 받은 납입금과 그 운용수익이 여기에 해당합니다.
- 연금 수령 시에는 기본적으로 분리과세(5.5% 등)가 적용되지만, **1년간 수령액이 1,500만 원을 초과할 경우 → 종합소득세**에 합산되어 세율이 급격히 높아질 수 있습니다.

💡이것만은 꼭! **인출은 이런 순서로 진행됩니다**

연금계좌의 자금이 인출될 때는 **일정한 순서**가 있습니다. 세금이 적게 부과되는 재원부터 먼저 빠져나가게 되어 있습니다.

1순위 → 비과세 재원 → 2순위 → 퇴직소득 재원 → 3순위 → 기타소득 재원

💡이것만은 꼭! **Tip!**

- **퇴직소득재원은 실제수령연차 10년 차 초과 시 감면율이 커지므로 인출금액 비중을 조절이 필요합니다.**
- 금융기관 시스템상 인출 순서 자동 적용됩니다. (인출할 재원 지정 불가)
- **법령 조문**: 소득세법 시행령 제88조의5 (국가법령정보센터)

📎 요약 정리

- 연금계좌 내 자금은 **성격별로 과세 방식이 다르며, 인출 순서에 따라 세금 부담이 달라집니다.**
- 비과세 금액은 **사전 확인 및 등록이 핵심**이며, 기타소득 재원은 연금으로 수령한 금액이 **연간 1,500만 원을 초과하면 종합과세 위험**이 있습니다.
- ☞ 연금 수령 시 **어떤 재원부터 나가는지, 내 연금계좌의 자금 구조가 어떻게 되어 있는지**를 반드시 확인하세요. '언제 개시하느냐' 못지않게, '무엇부터

인출되느냐도 세금 전략의 핵심입니다.

💡 이것만은 꼭! 사례로 보는 비과세 재원 분리 절차

사례를 통해 비과세 재원을 어떻게 구분하고 등록하는지를 살펴보겠습니다.

① 사례

김 과장은 과거 재직 중 A 금융회사와 B 금융회사에 각각 연금저축 600만 원씩 총 1,200만 원을 납입했습니다.

그런데 당시 연말정산에서는 **A 회사 납입분 600만 원에 대해서는 세액공제를 받지 않았고, B 회사 납입분 600만 원만 세액공제를 받았습니다.**

문제는 **두 금융회사 계좌별 정보는 세액공제를 받은 것으로 등록되어 있다는 점입니다.**

이 경우, 아무런 조치 없이 연금을 개시하면 A 회사의 600만 원까지 **기타소득재원**으로 처리되어 **과세 대상**이 되어 버릴 수 있습니다.

② 해결 방법

김 과장이 연금개시 전 다음과 같은 절차를 밟으면, A회사 600만 원은 **비과세 재원으로 등록**할 수 있습니다.

1. **국세청 홈택스에서 '연금계좌 세액공제 확인서'를 발급**

☞ 실제 세액공제를 받은 금액과 받지 않은 금액을 확인

2. **금융회사(A사)에 확인서를 제출하고, 해당 금액을 '비과세 납입금'으로 등록 요청**

☞ 금융회사는 해당 금액을 비과세 재원으로 설정

3. **연금개시 후 A 회사 해당 금액부터 먼저 인출**

☞ 과세 없이 비과세로 수령 가능

이 절차는 연금 개시 전에 반드시 완료되어야 하며, 한 번 개시가 되면 비과세 재원으로 소급 등록이 불가능합니다.

⏻ 이것만은 꼭! 실무자 Tip!

- 국세청은 연금계좌별로 '세액공제 총액'만 보유하고 있기 때문에, 실제 공제 여부를 금융회사별로 정확히 판단하지 못합니다.
- 따라서 **가입자 본인이 확인서를 통해 비과세 재원을 구분해 내는 것이 핵심**입니다.

이처럼 연금 수령단계에서 세금을 절세하기 위해서는, 단순히 **언제 받느냐를 고민하는 것을 넘어, '나의 가입일자, 연금수령한도'를 사전에 확인하고 설계하는 과정**이 필요합니다.

5. 실무 및 절세 Tip

이것만은 꼭! **수령 타이밍 전략**

- 55세가 개시 최소 연령일 뿐, 반드시 시작할 필요는 없습니다.
- 70세 이후 개시하면 세율 4.4% → 55세보다 세후 수령액이 증가합니다.
- 보유하고 있는 연금계좌(연금저축, IRP)의 가입일자를 확인하고 연금수령 한도를 각 계좌별로 체크해야 합니다.

이것만은 꼭! **자주 묻는 연금수령 Q&A**

Q. 55세부터 매년 얼마까지 빼야 '연금소득세'만 적용받나요?

A. 평가액 ÷ (11 − 연금수령연차) × 1.2로 계산되는 **연간 수령한도** 내 인출해야 합니다.

☞ 주의: 소진되지 않은 연금수령한도는 익년도에 누적되지 않습니다.

Q. 퇴직금을 일시금으로 수령했는데, 다시 IRP에 넣을 수는 없나요?

A. 퇴직금 일시금(세후) 수령 후 **60일 이내에 IRP로 입금**하면, 퇴직소득세 이연 혜택이 그대로 적용됩니다. 60일 기산일은 퇴직금 수령일(입금일 기준)입니다. **60일을 초과하면** 퇴직소득세 이연이 불가하여 이미 원천징수된 세금을 돌려받지 못합니다.

Q. 연금 개시 후에도 금융사 이동을 할 수 있나요?

A. '가능합니다. '계약이전' 제도는 **연금 개시 뒤에도 유지**됩니다. 다만, 개시된 연금과 개시가 안 된 연금을 하나의 계좌로 통합할 수는 없습니다.

Q. 55세에 꼭 개시해야 하나요? 개시를 안 하면 연금 연금수령연차가 그대로 인가요?

A. **아니요. 연금수령연차는 늦추더라도 계속 올라갑니다.**

☞ 예를 들어, 만 55세에 수령 가능하더라도 60세에 개시하면 → **60세 시점은 수령연차 6년 차**

☞ 다만, 연금개시와 수령을 하지 않으면 연금실제수령연차는 늘어나지 않습니다.

이것만은 꼭! 핵심 정리: 연금수령단계 3대 전략

- **개시 연령 전략**: 70세 이후 개시로 저세율 구간 활용합니다.
- **연차 계산 전략**: DC/DB 가입일을 적용하는게 연금수령연차에 유리하게 적용됩니다.
- **수령한도 내 인출 전략**: 기타소득세 회피전략입니다.

연금 수령을 시작하기 전에 반드시 확인해야 할 핵심 항목

항목	확인 내용	확인 여부
① 연금개시 시점 결정	55세는 최저 개시 연령일 뿐, 반드시 시작할 필요 는 없음. 세율 인하(70세 이상 4.4%)와 수령액 상 승 효과 고려	☐
② 재원 구조 파악	내 연금계좌에 어떤 재원이 포함되어 있는지 확인 (비과세/퇴직소득/기타소득)	☐
③ 세액공제 여부 확인	국세청 홈택스에서 '연금계좌 세액공제 확인서' 발급 → 납입금별 세액공제 적용 여부 확인	☐
④ 비과세 재원 등록 여부	세액공제 받지 않은 납입금이 있다면, 반드시 개시 전 금융회사에 비과세 등록 요청	☐
⑤ 수령 연차 확인	연금수령 연차에 따라 연간 인출 한도 달라짐 → DB/DC 최초입금일 기준으로 유리한 연차 적용 필요	☐
⑥ 연간 수령 한도 점검	인출액이 한도를 초과하면 기타소득세(16.5%) 적용 위험 → 평가액 ÷ (11 − 연차) × 1.2 계산	☐
⑦ 1,500만 원 초과 여부	연간 기타소득 재원 수령액이 1,500만 원을 넘으 면 종합소득세 대상 여부 확인 필요	☐
⑧ 여러 금융 회사 보유 시 정리 여부	복수 금융회사 보유 시, 어느 계좌에서 어떤 재원을 먼저 인출할지 전략 수립	☐
⑨ 계약이전 계획 여부	연금 개시 전후 모두 이전이 가능하니 운용상품 등 을 보며 선택적 이동 활용	☐

제 5 부

연금 문제
해결
가이드

"자동이체가 멈췄는데 해지가 된 건가요?"
"퇴직소득세를 잘못 냈다는데, 어떻게 돌려받죠?"

☞ 연금은 장기 상품인 만큼, 중간에 **예상치 못한 오류나 실수**가 생기기 쉽습니다. **납입, 해지, 계약이전, 수령 방식, 세금 신고** 등에서 발생할 수 있는 문제는 대부분 예방하거나, 발생했더라도 실무 가이드만 잘 따르면 해결 가능합니다. 5부에서는 실제 사례 중심으로, **연금 가입자와 실무자가 꼭 알아야 할 문제 해결 노하우**를 정리했습니다. 작은 실수 하나가 세금·수익률에 큰 영향을 주는 만큼, **체크리스트와 함께 꼼꼼히 점검**해 보세요.

13장

연금 가입·수령 과정에서 자주 발생하는
문제 상황과 해결 방법

1. 유형별 주요 문제 사례

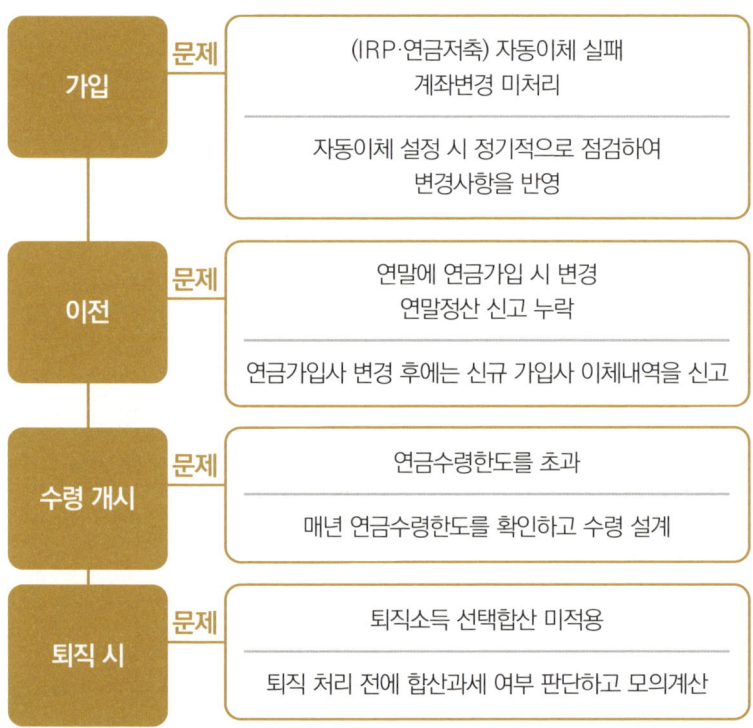

| 가입 | 문제 | (IRP·연금저축) 자동이체 실패 계좌변경 미처리 |
| | | 자동이체 설정 시 정기적으로 점검하여 변경사항을 반영 |

| 이전 | 문제 | 연말에 연금가입 시 변경 연말정산 신고 누락 |
| | | 연금가입사 변경 후에는 신규 가입사 이체내역을 신고 |

| 수령 개시 | 문제 | 연금수령한도를 초과 |
| | | 매년 연금수령한도를 확인하고 수령 설계 |

| 퇴직 시 | 문제 | 퇴직소득 선택합산 미적용 |
| | | 퇴직 처리 전에 합산과세 여부 판단하고 모의계산 |

1단계: 가입 시 자주 발생하는 문제들

연금상품에 처음 가입하는 단계에서는 의외로 단순한 실수가 많습니다. 예를 들어 IRP나 연금저축에 가입한 뒤 자동이체가 설정되지 않거나, 계좌 변경을 제대로 반영하지 않아 납입이 누락되는 경우가 있습니다.

특히 여러 금융기관을 통해 납입한 경우에는 연간 납입한도를 초과했는지도 모르고 지나치기 쉽습니다. 이때는 홈택스의 연말정산 간소화 자료를 통해 납입현황을 반드시 점검해야 합니다.

또한 DC형 퇴직연금에 가입하고도 아무런 운용지시를 하지 않은 채 방치되는 경우도 많습니다. 특히 디폴트옵션에 사전 동의하지 않았다면 자동 운용도 되지 않기 때문에, 사업자의 안내에 따라 빠르게 운용지시를 하거나 디폴트옵션을 설정해 둘 필요가 있습니다.

2단계: 이전(이체) 과정에서의 문제

연금계좌를 다른 금융기관으로 이전할 때에도 몇 가지 주의사항이 있습니다. 대부분의 이전은 '현금이전'으로 처리되지만, 기존 상품을 해지하지 않고 '실물이전' 방식으로 이전할 수도 있습니다. 실물이전이 가능한 상품인지 여부는 사전에 금융기관에 문의하고, 필요시 별도로 신청해야 합니다.

또한 연말 직전에 계좌이체를 신청한 경우, 새 계좌에서의 납입이 해당 연도 연말정산에 반영되지 않아 납입자료 누락으로 이어질 수 있습니다. 이럴 경우 기존 금융기관과 신규 금융기관 양쪽에 확인한 뒤, 연말정산 시 누락분을 수정 신고해야 합니다.

3단계: 연금 수령 개시 시점의 주의사항

연금을 수령할 때는 반드시 매년 설정되는 **연금수령한도**를 체크해야 합니다.

이 한도를 초과하면 연금소득이 아닌 '기타소득'으로 과세되며, 분리과세 혜택도 사라질 수 있습니다.

특히 비과세 재원의 인출이 수령한도를 먼저 소진해 버리는 경우, 아직 한도가 남은 줄 알고 추가 인출을 했다가 예상치 못한 과세가 발생할 수 있습니다.

이럴 땐 연금 수령을 잠시 중단하고 다음 해 한도가 새로 생성되었을 때 다시 수령하는 방식으로 조정할 수 있습니다.

또 하나 주의할 점은, 만 55세 이상이 되었음에도 연금 개시 없이 계좌를 해지하는 경우입니다. 연금요건을 충족하지 않은 상태에서 해지하면 전체 인출금액에 대해 **16.5%의 기타소득세**가 부과됩니다.

긴급자금이 필요한 상황이라면, 해지 전 연금개시 요건을 충족할 수 있는지 꼭 점검해야 합니다.

4단계: 퇴직 시점의 유의사항

퇴직금 수령 시 IRP 계좌로 이전하지 않으면 퇴직소득세의 과세이연 혜택을 놓치게 됩니다. 많은 분들이 퇴직금을 수령하고 나서도 IRP 이전을 별도로 신청하지 않아 전액에 대해 즉시 세금이 부과되는 실수를 겪습니다. 하지만 퇴직일로부터 **60일 이내에 IRP 계좌로 이전 신청**을 하면 과세이연이 가능하므로, 퇴직 즉시 해당 절차를 점검하는 것이 좋습니다.

또한 과거에 퇴직금을 부분적으로 인출한 이력이 있는 경우, 퇴직소득세 계산 시 '선택합산'을 적용하지 않으면 세금이 과다하게 부과될 수 있습니다. 이런 경우에는 과세 후 5년 이내에 퇴직소득세 경정청구를 통해 정정할 수 있습니다.

2. 예방 가이드 & 실무 TIP

계좌 점검

- 자동이체 등록 후 **매년 납입 이력 확인, 계좌별 납입한도를 체크합니다.**
- 간소화 자료 반영 여부는 반드시 체크합니다.

해지 전 사전 확인

- 연금개시 전 해지 시 16.5% 기타소득세 → 부득이 사유에 해당하는 게 없는지 분류해 보세요.
- 연금수령 가능 시기, 사유를 먼저 확인하세요.

중도 유동성 필요시 전략

* 연금저축계좌는 자유로운 인출이 가능하여 연금개시 전에도 부분인출이 가능합니다.
* IRP는 주택자금, 의료비 등 법정 사유에 맞추어 '중도인출' 적용이 가능한지 확인하세요.
* IRP를 보유하고 있는데, 만 55세가 넘었지만(가입일자 + 5년 충족) 연금 개시를 하지 않고 일부만 인출하고 싶다면, 연금저축계좌로의 이동도 활용해 보세요. 연금저축계좌는 자유로운 인출이 가능하기 때문이죠.

계약이전 시 주의점

* 이전 전후 **상품명, 잔액, 납입이력 정보**를 확인하세요.
* 연말정산용 납입정보 신고 여부도 체크하세요.

가입일자 확인의 중요성

* 수령연차 산정에 **IRP 입금일/DB·DC 가입일** 반영이 되었는지, 가능한지를 먼저 확인하세요.
* 연금 수령한도, 세율 적용에 결정적인 영향을 줍니다.

퇴직소득 합산과세 체크

* 퇴직소득세 합산과세를 적용한 건지 꼭 체크하세요. 합산과세를 미리 신청하지 않았더라도 해결 방법은 있습니다.
* **5년 이내라면 '경정청구'를 통해 정정**할 수 있습니다.

🔔 이것만은 꼭! **참고** **퇴직소득 경정청구 가이드**

언제?

- 신고일 또는 납부일로부터 **5년 이내**

어디서?

- 홈택스 또는 관할 세무서

무엇이 필요?

- 경정청구서(홈택스 양식), 원천징수영수증, 퇴직사실 확인서, 정정사유서 등

결과는?

- 평균 2~3개월 내 처리
- 이미 퇴직소득을 세후로 다 수령하였다면, 세금 환급. 연금계좌 내에 퇴직금이 있다면, 이연퇴직소득세 정정(세무서에서 금융기관으로 통보)

🔔 이것만은 꼭! **Tip!**

홈택스 '경정청구 세액 계산기'를 활용해서 시뮬레이션해 보세요!

3. 실무자 체크리스트

체크 항목	설명
연금계좌별 과세구조 숙지	해지·수령 시 세금 정확히 안내 가능해야 함
고객 해지 시 과세유형 설명	16.5% 기타소득세 부과 가능성 안내 필수
계약이전 vs. 해지 차이	이관 서류, 실물/현금 구분 숙지
세액공제 한도 안내	연말정산 준비 시 필수 정보 제공
연금 수령 개시자 과세방식 확인	연금소득세/기타소득세 구분 적용 필요

💡이것만은 꼭! **마무리**

가입자든 실무자든 기본 원칙만 정확히 숙지해도 **세금·제도 실수로 인한 피해**를 충분히 예방할 수 있어요. 실수 없는 연금 관리, **이제는 기본 소양입니다!**

14장

연금을 안전하게 지키는 실전 대응 전략

예상치 못한 상황에서도, 연금은 흔들림 없이 지켜야 합니다.

예상치 못한 상황(기업 도산, 제도 변경, 금융사 이전 등)에서도 연금을 안전하게 보호하고 수령까지 이어 가기 위한 대응 전략을 제시합니다. 실수 없이 연금을 유지·이전·보호할 수 있도록 가이드를 제공합니다.

1. 퇴직연금 보호장치 제대로 이해하기

퇴직연금, 법적으로 얼마나 보호받을 수 있을까?

퇴직연금 제도는 단순한 노후자금 수단이 아니라, 법적으로도 다양한 **보호장치**가 마련되어 있는 제도입니다.

특히 근로자가 평생 일한 대가로 받는 퇴직금은 생활자금 성격이 강한 만큼, 관련 법령에서는 이를 지키기 위한 장치를 두고 있습니다.

가장 기본이 되는 법은 '근로자퇴직급여 보장법'입니다.

이 법은 사용자가 퇴직금을 미리 적립하도록 의무화하고 있으며, 퇴직금을 적립하지 않거나 지급하지 못하는 상황을 사전에 방지하는 **최소한의 법적 안전장치** 역할을 합니다.

또한 기업이 퇴직금을 자체적으로 보관하지 못하도록, **은행·보험사 등 외부 금융기관에 적립**하도록 하고 있습니다. 이 조치는 기업이 도산하더라도 근로자의 퇴직금이 사내 자산과 함께 사라지지 않도록 하기 위한 것으로, 현실적인 보호 효과가 매우 큽니다.

그뿐만 아니라, 퇴직연금 제도인 **DB형·DC형 퇴직연금에 적립된 금액은 민사상 채권자에 의한 압류가 원칙적으로 금지**되어 있습니다.

퇴직급여는 근로자의 생계를 위한 자금으로 간주되기 때문에, 타인의 채권 회수를 위해 강제로 가져갈 수 없도록 보호받는 것입니다.

다만, **임원이나 고위직의 경우**에는 일부 예외가 인정될 수 있으므로, 직급에 따라 적용 범위를 확인할 필요가 있습니다.

퇴직연금은 단순한 투자 계좌가 아니라, **법적으로도 보호되는 생활자금**으로 인정받기 때문에 압류나 기업 도산, 심지어 개인 파산 상황에서도 일정한 안전망을 제공받을 수 있도록 보호받고 있습니다.

퇴직연금, 법적으로 얼마나 보호받을 수 있을까?

근로자퇴직급여보장법

사용자에게 퇴직금 적립 의무를 부여한 법률(§4)

외부 금융기관 적립 의무

퇴직금은 사내 보관이 아닌 은행·보험사 등 제3 기관에 예치(§23)

DB·DC 적립금 압류금지

민사채권자 압류 불가(근로자의 퇴직급여는 생계 자금으로 보호됨)

IRP 일부 파산 면제 자산

파산절차에서도 IRP의 퇴직소득은 압류 제외 자산으로 분류

💡 이것만은 꼭! **법령**

- **근로자퇴직급여 보장법 제4조**: 사용자의 퇴직급여제도 설정 및 적립 의무
- **제16조**: 퇴직연금 적립금의 외부 금융기관 보관 의무
- **제23조**: 퇴직연금 적립금의 압류 금지 및 예외 조건
- **채무자회생 및 파산법 제446조**: 생계유지에 필요한 재산의 압류 금지 규정

2. 기업 도산, 금융사 폐업 등 비상 상황 대응

연금은 안전자산처럼 느껴지지만, **기업의 도산이나 퇴직금 미지급**, 혹은 **금융기관 폐업 등 예외 상황**에서도 당황하지 않고 **정당한 권리를 찾는 법**을 알아야 합니다.

상황 A. 기업이 퇴직금 지급 없이 폐업한 경우

대응 1: 체당금 청구 (고용노동부)

- 최소 3개월 근무, 퇴직 후 1년 이내 신청 시
- 퇴직금 + 최종 3개월 임금 + 휴업수당 일부 보장 (2024년 기준 최대 약 2,400만 원)
- **지방노동청 방문 or 온라인 신청 가능**

대응 2: 미청구 퇴직연금 조회 → Payinfo 통합조회 활용법

- https://www.payinfo.or.kr 접속 → '연금·보험 〉 퇴직연금' 메뉴
- 본인 명의 IRP·DC·DB 계좌 현황, 잔액, 금융기관 확인 가능
- **잠자는 퇴직연금도 한눈에 조회**해 복구 가능

상황 B. DB형 퇴직연금 = 무조건 안전? NO!

실제 사례: 항공사 DB형 미지급 사태

- 제도는 있었지만 **실제 금융기관 충분한 적립을 하지 않은 상태**
- 기업이 도산하자, 일부 가입자는 퇴직금 미지급 사태 발생

가입자 확인 방법

- 회사 HR 또는 노무 담당자에게 문의
- 현재 내 퇴직연금상태를 금융감독원 통합포털에서 조회
- 퇴직연금사업자(은행/증권사 등)에 직접 확인

💡이것만은 꼭! Tip!

DB형은 연 1회 적립금 보고서를 수령할 수 있습니다. 꼭 챙겨 보세요!

3. 연금계좌 관리의 기본

연금은 **10년, 20년 단위로 운용되는 장기계좌**입니다. 계좌 개설 이후 방치하면 세제혜택도 놓치고, 수령 시기도 흐려질 수 있습니다. 꾸준한 관리만이 **안정적인 연금 수령으로 이어지는 첫걸음**입니다.

연락처·주소 업데이트는 기본!

- 금융사에서 보내는 **연금 운용 보고서**, 수령 안내문이 도착하지 않으면 **연금수령 누락**이나 **자동이체 오류**발생 위험이 있습니다.

운용현황·적립금 잔액 수시 확인

- IRP와 연금저축의 **운용성과, 적립 비중, 수익률**은 최소 분기 1회 이상 체크하는 것이 바람직합니다.

- 금융기관에서 제공하는 **운용보고서**, 또는 홈택스·연금포털 통해 확인이 가능합니다.

수령 방식 미리 계획해 두기

- 연금 수령 시 **정액(매월 고정액), 정률(잔액 비율), 일시금 수령 등 어떠한 방법을 선택할지 계획해 둡니다.**
- 만 55세 도달 전에는 금융사에 **수령방식 및 연금재원현황 등을 점검할 필요가 있습니다.**

💡 이것만은 꼭! **Tip!**

연금수령 한도와 퇴직소득세 감면율을 고려해 수령 전략 설계 필요

통합 조회 서비스로 숨은 계좌 점검

- 금융결제원 **Payinfo**와 **근로복지공단 사이트**, 금융감독원 **통합연금포털을** 활용하면 과거 퇴직금, 오래된 IRP, DC 적립금까지 **한눈에 확인이 가능합니다.**
- 계좌가 여러 개로 나뉘어 있다면 **통합 이전하거나 정리하는 것도 절세 전략이** 될 수 있습니다.

💡 이것만은 꼭! **마무리**

연금은 한 번 가입하고 끝나는 게 아니라, **변화에 따라 업데이트하고 지켜보는 자산**입니다. 정기적인 점검만으로도 **수천만 원의** 절세와 손실 방지를 이룰 수 있습니다.

제 6 부

연금,
변화를 읽고
전략을 세우다

연금은 결코 멈춰 있는 제도가 아닙니다. 제도는 바뀌고, 시장은 커지며, 금융환경은 매년 새로워집니다. 특히 최근에는 **디폴트옵션, 실물이전제도, 기금형 퇴직연금**까지 새 흐름이 등장하며, '어떻게 운용할 것인가' '어디서 수령할 것인가'에 따라 결과가 달라지고 있습니다.

6부에서는 **퇴직연금 시장의 변화 흐름과 디지털 트렌드**, 그리고 금융전문가와 연금 준비자 모두가 **지금 준비해야 할 전략과 체크포인트**를 제시합니다.

15장

디폴트옵션 제도 도입과 퇴직연금 시장의 변화

'가만히 있어도 굴러간다'는 말, 이제 연금에도 해당될까요?

디폴트옵션 제도 등장부터 퇴직연금 미래 흐름까지 정리해 드립니다!

1. 디폴트옵션 제도란?

이것만은 꼭! **디폴트옵션 (Default Option)**

퇴직연금 가입자가 아무런 운용지시를 하지 않았을 때, 사전에 정해 둔 운용방식에 자동 투자되도록 허용한 제도입니다.

퇴직연금 자산이 오랫동안 사실상 "잠자고 있는 돈"이 되는 문제로 지적돼 왔습니다.

이를 해결하기 위한 것이 디폴트옵션 제도입니다.

Q. 아무것도 안 하면 알아서 운용되나?

A. No! 반드시 '사전 동의'가 필요합니다.

디폴트옵션은 DC형(확정기여형)과 IRP형(개인형퇴직연금) 가입자만을 대상으로 적용되며, 자동 운용이 이뤄지기 위해서는 가입자가 사전에 디폴트옵션 관련 내용을 충분히 안내받고 **명확한 동의 절차**를 거쳐야 합니다.

가입 과정은 다음과 같은 흐름으로 진행됩니다:

1. 퇴직연금 가입(DC형 또는 IRP)
2. 금융회사(또는 사무관리회사)로부터 디폴트옵션 상품 구성 및 운용방식 안내
3. 가입자가 디폴트옵션 상품군과 투자 비중에 대해 사전 동의(전자서명 또는 종이서명 방식)
4. 납입 이후 4~6주 내 운용지시가 없을 경우, 사전에 동의한 디폴트옵션 상품으로 자동 운용 전환

이처럼 디폴트옵션은 단순히 '자동투자' 기능을 넘어서, **퇴직연금 자산의 방치 문제를 개선하고 장기투자를 유도**하며, 궁극적으로는 **연금 수익률을 높이는 취지**를 가지고 있습니다.

다만, 중요한 점은 디폴트옵션이 **가입자의 '명시적 사전 동의' 없이는 적용되지 않는다**는 점입니다. 투자 성향, 리스크 수용 수준 등을 감안해 사전에 상품군과 운용 비중을 확인하고 동의해야만 제도가 적용됩니다.

✔ 디폴트옵션 제도는 제도만 통일되었고, **포트폴리오 구성은**

각 금융사가 자체적으로 정합니다. 금융사마다 **편입 펀드의 수익률, 리밸런싱 방식**이 다릅니다.

✔ 금융사를 선정할 때 **디폴트옵션 상품군 비교가 필수입니다.**

2. 디폴트옵션, 기대효과와 유의할 점

디폴트옵션 제도는 퇴직연금의 수익률을 높이고, 자산이 방치되는 문제를 해결하기 위한 제도로서 여러 가지 기대효과가 있습니다.

먼저 가장 큰 장점은 **수익률 개선**입니다.

과거에는 운용지시를 하지 않으면 대부분 원리금보장형 상품에 머무는 경우가 많았는데, 이 경우 장기 수익률이 낮고 물가 상승률을 따라가지 못하는 경우도 있었습니다. 반면, 디폴트옵션은 분산투자형 포트폴리오를 기본값으로 설정해 두는 방식이므로, 일반적으로 **원리금보장형보다 평균 수익률이 높은 결과**를 기대할 수 있습니다.

또한, 디폴트옵션은 **장기 복리 효과를 극대화**하는 데도 기여합니다. 투자금이 지속적으로 시장에 노출되어 있기 때문에, 시간이 지날수록 복리의 힘이 커지며 자산의 성장 가능성이 열립니다.

무엇보다도, **운용 자동화**라는 측면에서 효율적입니다. 운용지시를 하지 않아도, 계좌가 방치되지 않고 자동으로 운용이 개시되기 때문에, 실질적으로 연금 자산이 '잠자는 돈'이 되지 않도록 관리해 주는 효과가 있습니다.

하지만 장점만 있는 것은 아닙니다.

디폴트옵션은 투자상품이기 때문에 손실 가능성도 존재합니다. "자동으로 운용된다"라는 말이 '무조건 안전하다'는 의미는 아니며, 시장이 하락할 경우 원금 손실이 발생할 수도 있습니다.

또한 사전에 설정된 상품군이 **본인의 투자 성향과 맞지 않을 수 있습니다.** 예를 들어 안정지향적인 가입자가 주식 비중이 높은 디폴트옵션 상품에 동의해 버리면, 원하지 않는 수준의 변동성을 경험할 수도 있습니다. 따라서 가입 이후에도 상품 구성과 수익률을 **정기적으로 점검하고, 필요시 직접 운용지시나 상품 변경을 해야 합니다.**

마지막으로 중요한 점은, **디폴트옵션이 '가입자 대신 관리해 주는 제도'가 아니라는 점**입니다. 이는 가입자가 아무런 지시를 하지 않았을 경우를 대비해 설정된 '기본 경로'일 뿐이며, 관리 책임은 결국 가입자 본인에게 있습니다. 편리하다고 해서 완전히 방치해서는 안 되고, **내 연금은 내가 점검하고 조정하는 태도**가 필요합니다.

즉, 디폴트옵션은 수익률 제고와 자산 방치 예방에 효과적이지만, **손실 가능성과 투자 성향 불일치에 대한 주의가 필요**하며, **책임 있는 관리를 전제로 한 보조 장치**라는 점을 잊지 말아야 합니다.

기대효과	주의할 점

 수익률 개선
원리금보장형보다 평균수익률이 높습니다.

 손실 가능성
시장 하락에 노출, '자동'이라 하여 무조건 안전하지 않습니다.

 복리효과 강화
장기투자를 유도합니다.

 투자성향과 다를 수 있음
자신의 투자성향과 맞지 않으면 직접 상품변경 또는 운용지시 가능하며 점검이 필요합니다.

 관리자동화
방치된 계좌도 알아서 굴러갑니다.

 방치 위험
나 대신 해 주는 게 아니라, 내가 지시하지 않았을 때 생기는 '기본 경로'일 뿐입니다. 그러니 가입자가 책임을 가지고 점검하고 조정해야 합니다.

🔴 이것만은 꼭! **Tip!**

　　DC· IRP 가입 시 **기본 설정된 옵션을 꼭 확인하고, 바꾸고 싶다면 변경 신청하세요!**(금융사 앱이나 상담창구에서도 가능해요!)

　　퇴직연금 계좌 내 자산은 크고 중요하므로, **초기엔 디폴트옵션 + 일정 수준 학습 후 직접 운용 전환**도 좋은 전략입니다.

　　'자동차 오토기어'처럼 편하지만, 방향 설정은 내가 해야 합니다!

3. 퇴직연금 제도의 큰 흐름

한국 퇴직연금은 더 이상 **단순한 퇴직금 수령 수단**이 아니라, **자동화 + 수익률** 중심으로 **제고·사각지대 해소**를 위해 변화하며 **개인이 직접 운용하며 노후를 준비하는 투자형 장기금융자산**으로 진화하고 있습니다.

퇴직연금 상세 구성(2024년 말 기준)

전체퇴직연금 적립금 431.7조 원

- **확정급여형(DB)**: 214.6조 원
- **확정기여형(DC) 및 기업형 IRP**: 118.4조 원
- **개인형 IRP**: 98.7조 원

☞ 특히 IRP는 세제 혜택 확대와 퇴직급여의 IRP 이전 등으로 인해 전년 대비 30.6% 증가하며 가장 높은 성장률을 기록하였습니다.(고용노동부 / 금융감독원)

☞ 전년 대비 실적배당형 상품에 투자하는 금액이 53.3% 증가하는 등 저축에서 투자로 패러다임이 변화하고 있습니다.

출처: 2024년 우리나라 퇴직연금 투자백서(고용노동부 / 금융감독원)

□ 퇴직연금제도의 흐름

시기	제도 변화	주요 특징
2005년	퇴직연금제도 도입	DB·DC·IRP 체계화, 사용자 의무적립화
2012년~	개인형 IRP 확대	퇴직예정자 외에도 **재직자도 가입 가능, 별도 납입 가능**
2022년	디폴트옵션 도입	운용지시 미지시자 자금의 **자동투자 제도화**
2024년	실물이전제도 시행	금융기관 간 **자산 실물 이전 가능**
2025년~	플랫폼 경쟁 본격화	통합조회, 미청구적립금, AI포트폴리오, 일임투자 등 고도화 진행 중

DB 중심 → DC/IRP 확산 → 디폴트옵션 도입 → 투자전환 →
플랫폼화

흐름 속에서 '관리형 자산'에서 '투자형 자산'으로 성격이 바뀌고
있어요.

4. 제도변화에 대한 실무자·가입자 대응전략

가입자

- 금융사별 디폴트옵션 포트폴리오 비교점검, 변경 가능성에 대해 살펴볼
  필요가 있습니다.
- 개인 책임 시대에 맞춰 '내가 설계자'라는 인식 전환은 필수입니다.

실무자(회사·HR)

- 제도 변화에 따라 사업장 내부 규정과 운용 매뉴얼을 수시로 정비해 주세요.
- 가입자 안내자료(디폴트옵션, 이전절차 등)를 표준화해 제공해 주세요.
- 연금투자에 대한 이해도 교육도 주기적으로 필요합니다.

16장

디지털 전환 속 연금시장 트렌드와 플랫폼 경쟁

이제 연금도 '앱으로 굴리는 시대!' 어디까지 바뀌고 있을까요?

1. 연금, 디지털 시대를 만나다

최근 연금시장은 빠르게 **디지털 플랫폼 기반**으로 재편되고 있습니다.

가입자 중심 서비스 강화, 정보 접근성 확대, 모바일 자산관리 기능이 강화되면서 **"모바일+연금+투자"**가 핵심 키워드로 부상하고 있죠!

연금도 디지털 시대! 달라지는 연금관리 트렌드

이제 연금관리는 단순히 장기 예치만 하는 시대를 넘어, 모바일 기반의 실시간 정보 제공과 자동화된 자산 운용 제안까지 아우르는 방향으로 진화하고 있습니다.

먼저, **연금 앱의 기능이 대폭 강화**되고 있습니다.

스마트폰 앱 하나로 **연금의 평가금액, 수익률 조회, 운용상품 변경까지 한 번에 처리할 수 있습니다. 실질적인 '모바일 원스톱 관리'가 가능해진 셈입니다.

또한, **자동알림 기능**을 통해 연금 관련 주요 정보를 실시간으로 받아 볼 수 있습니다.

덕분에 연금계좌가 방치되지 않고 **적극적으로 관리될 수 있는 환경**이 조성되고 있습니다.

이와 함께 **연금 통합관리 기능**도 빠르게 발전하고 있습니다. Payinfo, 주요 금융플랫폼, 금융감독원 통합연금포털 등을 활용하면, 여러 금융기관에 흩어져 있는 퇴직연금, IRP, 연금저축 등 다양한 연금계좌를 **한눈에 통합조회** 할 수 있습니다.

복수 계좌의 수익률 비교, 과거 납입내역 확인, 연금수령 시점 설계 등이 훨씬 수월해졌습니다.

마지막으로 주목할 변화는 **로보어드바이저의 연계 확대**입니다. 고객이 투자 성향을 간단히 진단하면, 그 결과에 따라 **맞춤형 포트폴리오를 자동으로 제안**받고 연금 계좌 내에서 바로 적용할 수 있는 환경이 마련되고 있습니다.

특히 퇴직연금이나 IRP에 대해 복잡한 투자 지식을 요구하지 않고도 **개인별 자동화된 자산배분**이 가능해지는 점은 디지털의 가장 큰 강점 중 하나입니다.

디지털 변화 트렌드

연금앱 강화	자동알림 서비스	통합관리기능	로보어드바이저 연계
연금 평가금액 조회, 수익률 확인, 운용상품 변경 등 앱으로 일괄 처리 가능	납입일, 수익률 변동, 상품만기 등 주요 정보 실시간 알림	Payinfo, 연금포털 등에서 퇴직연금, IRP, 연금저축 계좌 통합조회 및 수익률 비교 가능	투자 성향 진단 → 맞춤 포트폴리오 제안 및 자동 적용

2. 플랫폼 경쟁 본격화

2025년 현재, 국내 연금시장은 퇴직연금과 개인연금을 합쳐 약 700조 원 규모까지 성장했습니다.

무려 10년 전보다 두 배 이상 커진 셈이죠!(퇴직연금 약 433조 원, 개인연금 약 270조 원)

이제는 증권사, 은행, 심지어 핀테크 업계까지도 **연금시장의 주도권을 잡기 위해 본격적인 경쟁에 뛰어들고 있어요.**

앞으로 내 연금, **어디서 어떻게 관리할지 직접 고르는 시대**가 된 거죠!

□ 주요 경쟁 포인트

경쟁 축	핵심 질문	주요 경쟁 포인트
수익률 성과	내 연금을 얼마나 잘 불려 주나요?	– TDF / ETF 운용 성과 – 리스크 관리 능력 – 장기수익률 누적 비교
연금관리 플랫폼 UX	관리하기 편하고 직관적인가요?	– 앱 기반 통합관리 – 인터페이스 직관성 – 실시간 조회·변경 기능
상품 다양성	내 성향에 맞는 상품이 있나요?	– 실적배당형 상품 라인업 – 다양한 종류, 글로벌 자산
디폴트옵션 운용 전략	운용지시 안 해도 괜찮을까요?	– 포트폴리오 구성능력 – 디폴트 설정 전략 – 위험조정 수익률 비교
금융사 이전 서비스	갈아타기 쉬운가요?	– 실물이전 지원 – 자동 이전 절차의 편리함
세금·수령설계 지원	언제, 어떻게 꺼내는 게 유리할까요?	– 연금수령 시뮬레이터 – 연금소득공제 자동설계 – 퇴직소득세 감면 전략
맞춤형 알림·AI 제안력	몰라도 챙겨 주나요?	– 55세 도래 알림 – 연말정산 리포트 – AI 기반 자산배분·리밸런싱 제안

✔ 수익률 + 플랫폼 + 설계지원 + 맞춤화 = 연금시장 주도권 축

☞ 누가 더 잘 보여 주고, 제안하고, 이어 주는가가 경쟁의 핵심입니다.

실제로 IRP 이체 건수가 최근 3년간 연평균 2배 이상 증가했습니다.

이해하고, 설계하고, 실행하는 내 연금의 완성 전략 연금 전략서

☞ **디지털 연금 플랫폼**이 갈아타기 중심지가 된 셈이죠!

💡 이것만은 꼭! 마무리

이제 연금은 "가만히 두면 쌓이는 돈"이 아니라 **"잘 관리하면 더 커지는 자산"**입니다.

스마트폰으로 연금을 굴리고, 리스크를 줄이고, 수익을 높이는 시대. 여러분의 손끝이 곧 노후자산의 방향을 정합니다!

17장

연금준비 전략 & 체크리스트 정리

연금, 그냥 적립만 하면 끝일까요? 실제 준비는 지금부터 시작입니다!

1. 연차별 연금준비 전략(30대~60대)

연금 준비는 '언제 시작했는가'보다 **"어떻게 관리하고 수령할 것인가"**가 더 중요해졌습니다.

연령대	핵심 전략	체크포인트
30대	연금저축·IRP 조기 개설 + 연말정산 공략	납입여력 확보, 투자성향 반영 상품 선택
40대	DC·IRP, 연금저축 통합 관리 + 자산배분 조정	중위험 포트폴리오 구성, 연금소득세 구조 이해
50대	수령설계 시작 + 리밸런싱	연차 계산, 가족계획·의료비 고려한 시뮬레이션
60대	수령방식 결정 + 수령세율 점검	정액 vs. 정률, 분할수령 전략 수립

📎 요약 정리 **연금 로드맵 요약**

30대: 성장! → 40대: 균형! → 50대: 설계! → 60대: 수령 전략!

💡 이것만은 꼭! **Tip!**

연금은 가입 '타이밍'보다 '운용성과'와 '수령설계'에서 절세 차이
가 크게 벌어집니다.

2. 연간 연금관리 체크리스트(개인용)

항목	점검 시기	비고
IRP / 연금저축 납입 한도 확인	매년 11~12월	연말정산혜택 극대화
연금 수익률·포트폴리오 점검	연초 or 분기별	리밸런싱 시기 확인
계약이전 검토	3~6월 추천	수수료+실물이전 여부 점검
수령개시 1년 전 전략 설계	개시 1년 전	연금수령연차·세율 시뮬레이터 활용
사망·유족 수급계획 리뷰	수령 전 or 연 1회	유족승계 여부 포함 여부 확인

💡 이것만은 꼭! **핵심 리마인드 다섯 가지!**

1. 매년 수익률 + 적립 내역 체크
2. 통합연금포털·Payinfo로 수령금 통합조회
3. 계약이전은 실물 / 현금 옵션 구분
4. 해지는 '최후의 수단'!
5. 수령 전 시뮬레이션은 필수!

🖐️ 이것만은 꼭! **아래 질문에 답해 보세요**

- 내 퇴직연금은 DB인가요, DC인가요? 적립은 잘 되고 있나요?
- IRP나 연금저축은 제대로 활용 중인가요?
- 수령 시점과 방식, 직접 시뮬레이션해 보셨나요?

✔ 연금은 '모아만 두면 되는 돈'이 아니라, 계획하고 관리하면 **절세와 현금흐름의 열쇠**가 되는 자산입니다.

18장

연금설계 실전사례 & 상담가이드

"연금을 어떻게 설계해야 할까요?" 이제 진짜 사례로 알려 드릴게요!

1. 직장인 A의 연금설계(40대 중반, 연금저축+IRP 활용)

프로필

- 45세, 대기업 근속 15년 차
- DC형 퇴직연금 운영 중
- 연금저축펀드: 월 30만 원 납입 중
- IRP: 200만 원 납입 후 중단 상태

전략

- **연금저축+IRP 통합 납입 설계** → 연말정산 환급 확대
- **IRP 납입 재개** → 연금저축 합산 세액공제 900만 원 한도 꽉 채워서 납입
- **상품 리밸런싱** → 60대 수령설계 연계

IRP는 수익률 관리+환급설계 동시에 가능한 절세 통로!

2. 프리랜서 B의 연금설계(30대 후반, 사업소득자)

프로필

- 38세, 프리랜서 디자이너
- 사업소득 있음, 국민연금 지역가입 중
- 연금저축 없음, IRP 미가입 상태

전략

- **IRP 단독 개설 →** 900만 원 납입
- **적립률 낮고, 유동성 고려해 저위험형 상품 우선**
- **10년 유지 목표로, 비과세 연금보험과 병행 고려**

연금저축 없어도 IRP 단독개설 OK! 소득 있는 개인이면 누구
나 가능해요.

3. 퇴직예정자 C의 연금설계(56세, DB형 퇴직 예정)

프로필
- 56세, 2025년 퇴직 예정
- DB형 퇴직연금제도
- IRP 미보유

전략
- 퇴직급여 수령 → IRP 이체, 55세 이상 DB퇴직금은 연금저축계좌로도 가능
- 퇴직급여 입금 후 → DB퇴직급여 전액 입금, 2013. 3. 1. 이전 DB제도 가입일 적용 확인
- 수령방식: 정액형보다 기간지정형 or 수령한도형 시뮬레이션
- 연금실제수령연차 조절 → 퇴직소득세 절세는 실제수령연차 10년 차 초과 시부터 연금수령한도 내 수령 시 퇴직소득세의 70% → 60%

🔆 이것만은 꼭! Tip!

DB형도 '퇴직연금수령 → 퇴직소득세 이연'이 유리!
절세하려면 이연·분할 수령이 핵심입니다.

4. 실무자를 위한 점검 리스트

항목	설명
제도 구분 명확히 하기	DB / DC / IRP 구조 설명 가능
연금저축·IRP 공제구조 숙지	600만 / 900만 한도 + 소득수준별 공제율 적용
IRP 납입 자격	근로자, 자영업자, 등 소득이 있다면 모두 가능
계약이전, 실물·현금 구분	계좌이체 시 방식 설명 및 이관 안내
퇴직소득세·연금소득세 차이 안내	수령방식 따라 세금이 달라짐을 강조
연금개시 전략 설계	수령연차·세율구간·수령한도 계산법 안내 가능

🔖 이것만은 꼭! 마무리

"고객의 생애주기에 따라 연금설계도 달라져야 하고, 그 시작은 제도와 세금 구조를 아는 것부터입니다."

안녕하세요, 연금을 준비하는 여러분!
이 책의 마지막 장까지 함께해 주셔서 진심으로 감사합니다.

연금은 먼 미래의 이야기가 아닙니다.
매달 조금씩 쌓이는 적립금, 그리고 그 운용을 어떻게 하느냐가
10년, 20년 뒤의 **삶의 품격**을 바꾸는 결정적 선택이 됩니다.

이 책은 '이론'이 아니라 '실전 지침서'입니다.

- 제도 구조는 어떻게 되어 있는지
- 어떤 상품을, 언제 가입하면 좋은지
- 어떤 실수를 피해야 하는지
- 퇴직·해지·이전·수령 등 상황별 대응은 무엇인지

이 모든 것을 **지금부터 바로 실천할 수 있도록** 구성했어요.

연금, 이렇게 생각해 보세요!
- 한 번의 선택으로 끝나는 게 아닙니다.
- 꾸준히 점검하고, 조정하고, 관리해 나가는 여정입니다.
- 내 상황과 나이, 소득에 따라 맞춤형 전략을 세워야 합니다.

지금부터 차근차근해 나가면 늦지 않습니다.

독자를 위한 마지막 포인트 정리

- 연금저축·IRP는 납입보다 '운용과 수령 설계'가 더 중요합니다.
- **DB든 DC든, 가입제도만 믿지 말고 적립현황을 꼭 확인하세요.**
- **연금은 오늘 시작할수록 복리 효과가 커집니다.**
- 중도해지, 일시금 수령보다 '분할 수령 + 세율 최적화' 전략이 유리합니다.
- **불안할 땐, 이 책을 다시 펼치면 됩니다!**

연금 실전 Q&A 베스트 12

Q. 퇴직금을 IRP로 이체하면 무조건 연금소득세만 내면 되나요?

A. 퇴직금은 IRP로 이체한 뒤 55세 이후 연금 형태로 수령하면, 매년 계산되는 연금수령 한도 내로 인출할 때 퇴직소득세의 70%만 연금소득세로 납부합니다. 연금수령한도를 초과하거나 일시금으로 받으면 퇴직소득세 전체가 과세됩니다.

Q. 연금저축과 IRP는 둘 다 세액공제가 되나요?

A. 맞습니다. 연금저축은 연 600만 원, IRP는 연금저축과 합산해 최대 900만 원까지 세액공제 가능합니다.

Q. 연말에 급히 납입한 돈도 세액공제 대상이 되나요?

A. 연말(12월 말)까지 입금만 완료되면 공제 대상이 됩니다. 단, 바로 인출하면 제외될 수 있습니다.

Q. 중도해지하면 어떤 불이익이 있나요?

A. 세액공제를 받은 금액과 수익에 대해 기타소득세 16.5%가 부과됩니다. 소득세법상의 부득이한 해지 사유가 있을 때는 연금소득세로 적용됩니다.

Q. 오피스텔을 매수하면 무주택 주택구입으로 IRP 중도인출이 되나요?

A. 원칙적으로 불가하지만, 건축물대장에 '주택'으로 명시되고, 실제 거주 목적이 입증되면 예외적으로 인정됩니다.

Q. 연금 수령 시 얼마까지 세율이 낮게 적용되나요?

A. 연금수령한도 내 금액은 3.3~5.5%의 연금소득세율이 적용되며, 초과 금액은 16.5% 기타소득세로 과세됩니다.

Q. 연금저축이나 IRP는 몇 개까지 가질 수 있나요?

A. 연금저축계좌는 제한 없이 개설 가능, 개인형IRP는 1인 1사 계좌(각 금융기관별 1개)가 원칙입니다. 단, IRP의 가입일자가 2013. 3. 1. 이전이거나 연금 개시를 하였다면 1인 1사 예외 사유로 추가 개설이 가능합니다.

Q. 중도인출 가능한 사유는 무엇인가요?

A. 무주택자 주거자금, 의료비, 재해, 파산 등 법정 사유에 한해 인출이 가능합니다.

Q. 퇴직 후 IRP 계좌를 연금저축으로 합치고 싶어요.

A. 만 55세가 초과되면 IRP계좌를 연금저축계좌로 이전할 수 있습니다. 현금으로만 이전 가능하며 IRP계좌의 가입일과 연금저축계좌의 가입일이 2013. 3. 1. 이전, 이후로 상충되지 않아야 가능합니다.

Q. 기존에 받은 퇴직금과 신규 퇴직금이 합산되나요?

A. 같은 연도에 복수 퇴직 시 강제합산되며, 다른 연도라도 합산을 신청하면 절세효과가 있을 수 있습니다.

Q. 연금 수령 중 금융사를 변경할 수 있나요?

A. 가능합니다. 계약이전 제도를 활용하면 연금 개시 이후에도 타 금융사로
   이전할 수 있습니다.

Q. ISA 만기금을 연금계좌로 이체하면 세액공제가 되나요?

A. 됩니다. 최대 300만 원까지 추가 한도로 공제가 가능하므로 전략적으로
   활용할 수 있습니다.

주요 관련 법령 요약

이것만은 꼭! **독자 가이드**

　이 부록은 연금 관련 실무에서 자주 참조되는 세법과 퇴직급여 관련 법령의 핵심 조항을 쉽게 이해하고 실무에 활용할 수 있도록 요약한 자료입니다. 각 조문은 실제 법령에서 발췌하였으며, 중요한 용어나 숫자 기준, 적용 예시를 함께 정리하였습니다. 법령 전문이 아닌 실무 중심의 요약이므로 정확한 해석이 필요할 경우 국가법령정보센터 링크를 통해 원문을 반드시 확인하시기 바랍니다. 이 자료는 연금 설계자, 상담 실무자, 그리고 스스로 연금 전략을 세우는 일반 직장인 모두에게 유용한 가이드라인이 될 것입니다.

　☞ **법령 전문**: 국가법령센터(www.law.go.kr)

1. 소득세법 시행령 제20조의2

요약 정리

연금계좌에서 부득이하게 인출하는 경우의 요건과 세제 혜택을 규정

이것만은 꼭! 설명

해당 조항은 질병, 재난, 파산 등 '부득이한 사유'로 연금계좌에서 연금 외 수령을 하더라도 16.5%의 기타소득세가 부과되지 않도록 예외 사유를 정함.

이것만은 꼭! 적용 예시

가입자가 질병으로 3개월 이상 요양을 요하는 진단서를 제출한 경우, 해당 연금계좌의 해지 인출은 연금소득세율(3.3~5.5%)만 적용됨.

2. 소득세법 시행령 제40조의2

요약 정리

연금계좌에서 발생한 수익에 대한 과세이연 규정

🔆 이것만은 꼭! **설명**

연금계좌 내에서 발생하는 이자·배당·매매차익은 즉시 과세되지 않고 연금 수령 시점까지 과세를 이연함.

🔆 이것만은 꼭! **적용 예시**

연금저축펀드에서 ETF를 매도하여 수익이 났더라도, 수익에 대해 중간 과세 없이 연금 수령 시 연금소득세율로 과세됨.

3. 소득세법 시행령 제40조의3

📎 요약 정리

연금계좌에서의 인출 및 연금 외 수령 시 과세 규정

🔆 이것만은 꼭! **설명**

연금 외 수령 시 기타소득세율 16.5%가 적용되는 상황과 연금소득세율 적용 조건을 규정

🔆 이것만은 꼭! **적용 예시**

만 55세 이전에 연금저축계좌에서 수익금을 인출할 경우, 기타소득세 16.5%가 적용됨.

4. 소득세법 시행령 제40조의4

연금계좌 간 이전 시 과세이연 규정

설명

다른 연금계좌로의 계약이전 시에도 인출로 보지 않으며, 과세이연이 계속 유지됨.

적용 예시

연금저축계좌를 A 은행에서 B 은행으로 이전하더라도, 매도 없이 실물이전 하는 경우 과세되지 않음.

5. 근로자퇴직급여보장법 시행령 제14조

퇴직급여제도의 적립 및 운용 방식 관련 규정

설명

퇴직급여제도(DB, DC)의 설정 및 적립 방식, 외부 금융기관을 통한 운용 의무 등을 규정 사용자가 퇴직연금제도(DB)를 설정했음에도 외부 금융기관에 적립하지 않고 사내 유보만 한 경우, 법 위반에 해당될 수 있음.

연금 MyData 활용 가이드

내 연금, 이제 앱으로 확인하고 관리하세요.

1. MyData란 무엇인가요?

마이데이터(MyData)는 각 금융기관에 흩어져 있는 내 연금·예금·투자 정보를 하나의 앱이나 포털에서 통합조회·분석·설계할 수 있도록 해 주는 서비스입니다.

- 연금계좌가 어디에 있는지 모를 때 → MyData로 확인
- 여러 IRP나 연금저축을 하나로 모으고 싶을 때 → 이전 신청 가능
- 국민연금, 퇴직연금, 개인연금을 한눈에 보고 설계까지 가능

2. 연금 조회 가능한 주요 플랫폼

- 금융감독원 통합연금포털: 공적·사적 연금 모두 조회 가능
- 주요 은행, 증권 등 앱: 마이데이터 기능 탑재
- 토스, 카카오페이 등 핀테크 앱: 간편 연결, 연금+소비 분석 제공

3. MyData를 통해 할 수 있는 일

- 연금자산 통합조회: 어디에 얼마나 적립되어 있는지 확인
- 계좌별 수익률 분석: IRP, 연금저축 수익률 비교
- 연금 포트폴리오 분석: 위험/수익 구조 제안
- 수령 시뮬레이션: 목표수령액 기반 계산 가능

4. 주의사항

- 일부 금융사는 1~2일 지연된 데이터 제공. 통합연금포털은 매월 말 평가금액 기준
- 오래된 계좌는 조회 누락 가능
- 이전 신청은 별도 절차(계좌 개설 포함)

5. 이런 분들께 특히 추천합니다

- 연금계좌가 여러 금융사에 분산된 되어 계좌현황이 헷갈리는 분
- 퇴직 후 연금 수령계획을 세우는 중인 분
- 수익률 비교와 이전 전략을 고민 중인 분